Mit bestem Dank an das

ORDENssekretariat des RitterORDENs
der musischen Tonturkrähe
und ORDENsritter Spiletti

Schön, dass es mich gibt

autobiographische Fragmente
von
Friedrich Fels

Herstellung und Verlag: BoD – Books on Demand,
Norderstedt
ISBN: 978-3-7534-2197-1

Bei einem heftigen Gewitter, so erzählte mir das meine Mutter, kam ich zur Welt.
Donar als Taufpate.
Na ja.
Er wird sich dabei was gedacht haben.
Es gibt ein paar Eindrücke, die mir als Baby bzw. als Kleinkind in Erinnerung blieben.
Das ist das Lachen meiner Mutter und der Duft des Breis,
den ich im Essstuhl vorgesetzt bekam.
Oft durfte ich im „ Gräble „ schlafen.
Bis zu dem Tag, wo ich mit der anderen Art des Duftes konfrontiert wurde.
Ich „gackte" hemmungslos und mit voller Pracht und Wucht mitten ins Bett.
Meine kindliche Amtshandlung brachte das pure Entsetzen ins Schlafzimmer.
Die braune Sauce——der Gestank———kurzum die pure Natur und das Ehebett meiner Eltern.
Es war das letzte Mal, wo ich im „Gräble" war.
Ab jetzt im Gitterbett.
Mein Vater war Lehrer und meine Mutter eine Opernsängerin.
Sie entstammte einer großen Bauunternehmerfamilie.
Mein Vater aus einer Lehrerfamilie.
In dieser Beziehung genoß ich meine Erziehung als „Nesthäkchen".
Mein Bruder und meine Schwester dazugerechnet ergibt das im „Vorarlbergerischen" eine „g´hörige Familie".
Wir lebten in einem Bauernhaus, das auch eine Gastwirtschaft war.
Katzen,Kühe,Schweine,Hühner und Hunde waren

für uns der Alltag.
Es war schlicht gesagt eine ländliche Idylle.
Die Lehrerwohnung —— urgemütlich.
Die Küche war mit alten Küchenmöbeln und einem
Holzherd mit einem „Schiff" für das Heisswasser
ausgestattet.
Das Feuer faszinierte mich und dabei verbrannte
ich mir sogar einmal die Hand.
Schürte aber trotzdem noch mit der verbundenen
Hand das Feuer.
Am Tag kamen die Katzen zum Essen.
In der Nacht kam die Mäusefamilie hinter dem
Kasten hervor und fraßen das übriggebliebene
Futter der Katzen.
Mein Freund Siegfried, der Sohn der Wirtschaft und
ich, kontrollierten das Geschehen.
Uns entging nichts.
Es war auch immer was los.
Wenn die Bierführer mit ihrem Steyer Lastwagen
kamen und mit ihren Lederschürzen die Bierfässer
abluden.
Danach die Holzbierkisten mit den Flaschen mit
Bügelverschluss.
Am Schluss luden sie die Eisblöcke in den
Holzbottichen ab.
Früher gab es noch keinen Kühlschrank, deshalb
brauchten sie das Eis.
Die Gaststube ausgestattet mit alten
Wirtshausstühlen und urigen Eckbänken.
Und der Hingucker war die Schank.
Ein Prunkstück.
Die Gäste, sogenannte Dorforiginale „klopften"
ihre Sprüche.
Dann die eingefleischten Jasser, die ihre

Leidenschaft mit Beschimpfungen und „Fachsimpeleien" dem Ganzen eine besondere Ausdruckskraft verliehen.

Das Spiel wurde mit den Rufen: „Gretl a Bier!!" oder „ Gretl noch an Budl!!" untermalt(Budl = 2cl Schnaps in dem Fläschchen)

Mein Freund und ich führten eigentlich immer was im Schilde.

Wir waren 7 Jahre alt und es fand bei uns ein Hochzeitsfest statt.

Die Hochzeitsgäste vergnügten sich bei Musik und Tanz im Gastraum.

Wir wurden einfach nicht beachtet.

Das brachte uns auf eine besondere Idee.

Wir wollten mit irgendetwas Beachtung finden und da kam uns der Gedanke, ein Paket dem Brautpaar zu schenken.

Eine leere Schachtel war schnell gefunden und wir holten Saumist, Kuhmist und einer von uns hat schließlich noch hineingeschissen.

Dann machten wir das Paket zu.

Ein Problem gab es.

Schreiben war nicht unsere Stärke.

Zumindest nicht das, was auf dem Paket stehen sollte.

So baten wir meine Mutter, ob sie uns auf das Paket „ DEM LIEBEN BRAUTPAAR „ schreiben kann.

So blauäugig wie meine Mutter war, hat sie nicht einmal gefragt was in dem Paket ist und so hat sie das Paket noch besonders schön verpackt und in eleganter Schrift „ DEM LIEBEN BRAUTPAAR" geschrieben.

Jetzt hatten wir unser Prachtpaket und wir eilten zur Eingangstüre des Gasthauses.

Wir legten es mit besonderer Vorsicht vor die Türe und versteckten uns hinter einem Busch und warteten.

Einige Zeit verstrich und die Spannung stieg.

Endlich ging die Türe auf und die Wirtin rief laut vor Freude „ Mein schaut´s ein Paket !"

Das Paket wurde wie ein kostbarer Schatz in die Gaststube getragen.

Alles schaute gespannt auf das Paket.

Sogar die Musik machte einen TUSCH als das Paket geöffnet wurde.

Ein Aufschrei des Entsetzens war zu hören. ....die Musik verstummte.

Dann erschallte ein Schlachtruf!

„P O L I Z E I !!!! ——— SABOTAGE !!!!"

Nach längerem Geschrei begann man zu rätseln.......

„Wer war das .....!"

Das Beste war, die Hochzeitsgäste beschuldigten sich gegenseitig und es war kurz vor einer Rauferei.

Nach zwei Stunden hin und her war es dann soweit.

Die Übeltäter waren gefunden.

W I R !!!!

Uns war gar nicht bewußt, was wir da angerichtet hatten.

Die Tracht Prügel die wir danach bekommen haben....

Wir haben es verdient.

Es war ein Alter wo man alles erforschen und wissen wollte.

In der Wirtschaft gab es einzelne Zigaretten aus der Schublade.

Für uns ein Leichtes, einige zu stehlen.
Wir sammelten auch die weggeworfenen
Zigarettenstummeln, sogenannte "Tschigg" und
versuchten daran zu ziehen.
Aber eine ganze Zigarette …….. das war schon was.
Die mußte besonders genossen werden.
Siegfried sagte „ Du mußt Brustzüge machen, das
ist gesund ! „
Und so geschah es.
In einem verlassenem Pferdestall frönten wir
unserer Lust.
Ich machte die Brustzüge…….weil es ja so gesund
ist.
Dabei habe ich immer gehustet.
Es war aber mehr ein keuchen wie husten. Und mir
war danach so schlecht.
Noch schlechter war mein Gewissen.
Ich traute mich nicht mehr nach hause.
Dann kam mir die Idee, mich bei meinem Hund
Hannibal zu verstecken.
In einer Hundshütte !.
Hannibal und ich bildeten eine verschworene
Gemeinschaft.
Für mich war es tröstlich bei meinem Hund zu sein.
Viel Platz war aber nicht für uns beide, aber ich
hatte ein sicheres Versteck.
Irgendwann hörte ich meine Mutter wie sie mich
rief.
Stundenlang.
Dann plötzlich….es war so gegen 22 Uhr, hörte ich
sie wie sie sagte:
„Jetzt muss ich doch noch in der Hundshütte
nachschauen !"
Für mich war es wie ein Dolchstoss !

Mit der Taschenlampe leuchteten sie in das Innere der Hütte.

ENTDECKT !

Große Erleichterung bei meinen Eltern — für mich das reine Entsetzen.

Grün im Gesicht und dazu noch eine tiefe Stimme.

Mein Bruder kam ganz nah zu mir und flüsterte mir in Ohr:

„Dia blibt d´r". (Die bleibt dir)

Schlechtes Gewissen ist gar kein Ausdruck —— ein armer Sünder.

Ständig auf der Suche nach neuen Untaten inspirierte uns natürlich das Buch Max und Moritz.

Es reizte uns das alles nachzumachen.

Wir schmiedeten Pläne und so passierte es.

Maikäfer wurden ins Bett der Eltern gelegt.

In der Nähe führte eine Holzbrücke über einen Bach.

Diese Brücke mußte daran glauben.

Wir fingen an zu sägen bis man uns verjagte.

Die Wirtshausgäste haben uns auch zu manchem Unsinn angestiftet.

Im Gasthaus ging es manchmal wild zu.

Einmal flog ein Gast durchs Fenster und landete im Garten.

Dann flog einer bei der Eingangstüre auf die Straße.

Eines Tages gab es wieder eine Rauferei und wir waren wieder die aufmerksamen Beobachter.

Da flog eine Rothaarige durch die offene Eingangstür direkt auf das Kies.

Sie schrie „ AU WEH !! AU WEH!! und ging mit immer wiederkehrendem Schreien „AU WEH!" AU WEH!" nach hause.

Von da an war sie für uns noch die „ AU WEH !"
Ein paar Jahre später ertrank sie in einem Bach am
Silvesterabend.
Bei uns existierte eine illustere Gegend.
In der Nähe unseres Gasthauses wohnten die
„ Fabrikler".
Für mich ganz normale Leute.
Ich war ja fast überall.
Als Kind gibt es keine Grenzen.
Die Leute sassen am Abend auf dem „ Bänkle „ und
wir Kinder bei Ihnen.
Jeder wußte eine Geschichte.
Und so mancher Bewohner erzählte so spannend,
daß wir alle mit großer Aufmerksamkeit zuhörten.
Irgendwie waren wir dann alle wie eine Familie.
Es gab auch Familienschlachten, aber eine Polizei
wurde nie gerufen.
Einmal gab es eine Rauferei von zwei erwachsenen
Männern.
Alles stand wie bei einem Hahnenkampf im Kreis
um die Raufbolde.
Plötzlich erschallte eine Stimme mit belehrendem
Tonfall.
„Ja ja Kinder... so ist das Leben —— einmal unten
—einmal oben !"
In einem alten Schuppen standen ca. 10 Oldtimer
und sogar ein kleiner Omnibus aus der
Vorkriegszeit.
Ein Kinderparadies.
Dort existierte zwar ein eigenartiger Geruch.
Eine Mischung von altem muffigem Stoff und
verrostetem Metall.
In den Autos zu sitzen und herumzulenken, ja das
war mit unserer Fantasie Abenteuer pur.

Unser Spielplatz an erster Stelle war die Natur.
Ca. 50 Obstbäume zum Klettern, Wiesen zum
Herumtollen.......
Kinderherz was willst du mehr.
Dann war aber noch der Heustock.
Wir balancierten auf den Balken und das Highlight
war der Sprung ins Heu.
Der Duft des Heus ist für mich noch heute etwas
Wunderbares.
Eine Fundgrube ebenso das Ried.
Da gab es Tümpel in denen sich „Bammile"
(Elritzen) und Kaulquappen bewegten.
Wir fingen einige und brachten sie in Weckgläsern
nach Hause.
Gelbrandkäfer und deren Larven, sogar einen
Wasserskorpion landeten bei uns im Glas.
Raritäten auf die wir besonders stolz waren.
Das Ried war auch eine Blumenpracht.
Schwertlilien so weit das Auge reicht.
Was aber die Ruhe der Natur unterbrach, war eine
Seilwinde für die Segelflugzeuge.
Wenn sie in Betrieb war und die Flugzeuge hochzog
war es für uns höchste Priorität dabei zu sein.
Majestätisch hob sich der Segelflieger in die Lüfte.
Das Spannendste aber war die Seilwinde.
Was das Ganze so spannend machte, war der
Motor.
Eine gigantische Maschine ,die fibrierte und ein
ohrenbetäubendes Ungetüm der Technik war.
Ein Dinosaurier der Motorwelt.
Die Seilwinde zog den Segler hoch und dann kam
der Höhepunkt des Ganzen.
Das Ausklinken des Seils und wie es zu Boden fiel.
Für uns war die Motorenwelt spannend und es

begeisterte uns wie kein anderes Metier.
Am Rande des Rieds existierte ein Weg , der dann
abzweigte und in ein Bergdorf führte und
ich erinnere mich noch an die dortigen
Motorradrennen.
Von Weitem hörte man schon den Lärm der
Motoren.
Eine Staubwolke kündigte das Herannahen an.
Und dann waren sie da.
Wie aus einer anderen Welt.
Die graugrünen Motorräder mit ihren grauen
Fahrern, die an uns vorbeirasten.
Autos, Lastwagen,Busse und Motorräder ...das war
unsere Welt.
Und diese Welt haben wir auf einer alten Mauer,
die eine Besonderheit besass, nachgespielt.
Die Besonderheit der Mauer:
Sie war breit und eben.
Wir konnten auf dieser Mauer mit unseren kleinen
Metall- und Plastikautos spielen.
Die kleine Welt der Modellautos hatte uns
fasziniert und wir vergassen alles um uns.
Meine Mutter war sehr kinderfreundlich und hatte
einen Sinn fürs kreative.
So verwandelte sich manchmal unsere Küche in ein
Kasperltheater.
Mein Bruder inszenierte und gestaltete auch die
Kulissen des Theaters.
Meine Schwester und ich durften mitspielen.
Die Kinder der Umgebung waren bei uns.
Sogar Eintritt verlangten wir.
Meine Lieblingsbeschäftigung war es,
Eintrittskarten zu gestalten.
10 Groschen...20 Groschen ...kostete der Eintritt.

Der Raum wurde verdunkelt.
Mit fibrierendem Blech und rotem Licht wurde die
Hölle kriiert.
Die Attraktion war das Krokodil.
Es muß schon sehr alt gewesen sein.
Ganz beliebt war das Äffchen.
Es gelang meinem Bruder richtige Spannung
hineinzuzaubern.
Bei uns zu hause war es einfach schön.
Wenn man den Ausdruck heimelig
verwendet…..dann war es sehr heimelig.
Klavierspielen, singen war bei uns eine
Selbstverständlichkeit.
Mit sieben Jahren drückte man mir eine Geige in
die Hand und los gings.
Ein grauenvolles Geräusch umgab den Bauernhof.
Die Hennen legten weniger Eier, die Kühe gaben
weniger Milch (Ha ha) und so mußte ich mit
meiner Kunst Geige zu spielen , nach einem halben
Jahr aufhören.
Dasselbe geschah dann auch mit dem Klavier.
Meine Kariere als Musiker wurde mit 8 Jahren jäh
beendet.
Mit neun Jahren fing ich an zu malen.
Ein besonderes Erlebnis prägte mich bezüglich
Malerei.
Ein namhafter Künstler stellte direkt vor unserem
Gebäude seine Staffelei auf und malte.

Ich freundete mich mit ihm an und wir tauschten
unsere Bilder.
Meines hing in seinem Atelier und zum Glück hat
sein Bild die vielen Umzüge überlebt.
Es hängt heute in unserem Wohnzimmer.
Die Naturverbundenheit wurde von meinen Eltern
durch Spaziergänge sehr gefördert.
Das Gefühl für die Jahreszeiten wurde uns bewußt.
Das Knirschen des Schnees.
Der Geruch des Schnees.
Die laue Luft des Frühlings.
Der Duft der Blüten.
Die Wolkentürme, Regengüsse und Gewitter im
Sommer.
Der Duft des Heus.
Die Apfel-- und Birnenernte im Herbst.
Das Riechen ist so wichtig.
Als Kind lebst du sehr intensiv.
Da brauchst du keine Anleitung.
Man erlebt das Normale einfach, aber mit
Eindruck.
Im Grunde ist es einfach ——— EINFACH ZU SEIN.
(Spruch von Lao Tse : das Tun im Nichttun)
Als ich 10 Jahre alt war, fuhren wir zum
Hopfenbrocken ins Schwabenland.
Taldorf hiess dieses Dorf.
Was ich dort als 10 jähriger kennenlernte, war eine
bilderbuchmässige illustre Dorfgesellschaft.
Originale, die einem ein Leben lang in Erinnerung
bleiben.
Nach der Arbeit und nach dem Essen begaben sich
vor allem die Teenager zum Schuppen.
Die Mädchen mit ihren Petticoats und
Rossschwanz.

Die sogenannten Halbstarken mit Elvis - Schlurf
und Vespa.
Die 50er Schnulzen und vor allem der Rock & Roll
wurden von einem Plattenspieler
in voller Lautstärke gespielt.
Dieses Ambiente, das ich immer noch vor Augen
habe, erinnert mich an die Reliefs aus Holz,
die es in manchen Accessoires-Boutiquen zu Kaufen
gibt und eine ähnliche Szene darstellt.
Diese Szene gab es dort .....life.
Was könnte man nicht alles als Relief darstellen.
Oder verfilmen.
Oder Malen.
Es sind Eindrücke die bleiben.
Manchmal ist es ein Duft, der uns an eine Szene
erinnert.
Manchmal die Farbstimmung.
Manchmal die Geräusche.
Unsere Sinne werden angesprochen.
Die Sinneseindrücke sind in unserer Entwicklung ja
so wichtig.
In der heutigen Zeit verliert man sich in
Computerwelten
und vergißt ganz darauf, daß ich lebe.
Wie wichtig ist das Berühren der Seelen.
Wie wichtig ist die Sehnsucht nach Erfüllung.
Die Verstrickung in der Computer-- und Handywelt
hat fatale Folgen.
Wo ist das seelische Wachstum.
Man wird ständig vom natürlichen Entwicklungsweg
abgelengt.
Wieder zurück zum Bauernhof und der
Gastwirtschaft.
Weihnachten war für uns ein Fest.

Das Kinderherz erstrahlte.
Bis das Glöckchen am Weihnachtsbaum
klingelte ‚war es kaum auszuhalten.
Erst dann durften wir ins Wohnzimmer.
Der Weihnachtsbaum mit hell leuchtenden
Wachskerzen und mit Süssigkeiten behangen und
die Sternspritzer
gaben dann dem Ganzen die volle Pracht.
Die schönen Pakete lagen am Boden und du
glaubtest, daß du ins Paradies einziehst.
Unsere Vorstellungen von einem Paradies, das wir
nach dem Tode erwarten,
mag ähnliche Gefühle auslösen.
Es wurden Weihnachtslieder gesungen.
Es war eine sehr geweihte Nacht.
Bis zu dem Zeitpunkt ‚wo es an der Tür klopfte.
Wir machten auf und die Wirtin stand kreidebleich
mit Siegfried vor uns.
Sie sagte mit zitternder Stimme:
„Sie wollen den Josef umbringen!"
Kaum war sie bei uns, sperrte mein Vater sofort
die Türe zu.
Im Raum war plötzlich eine unheilschwangere
Atmosphäre.
Wir mußten alle still sein.
Nur mein Vater ging mit einem Schlägel auf und
ab.
Dann war ein Klopfen an der hinteren Tenntüre zu
hören,
die mit einem riesigen Eisenriegel verschlossen
war.
Mein Vater fragte: „ Wer ist da?"
Mit leiser Stimme flüsterte er : „D´r Josef!"
Er wurde sofort hereingelassen.

Nur das Kerzenlicht brannte und man verharrte
schweigend in der Küche.
Der arme Josef zitterte am ganzen Leib.
Er hatte große Angst.
Wir alle hatten Angst.
Die Stimmung war unheilvoll.
Dann schauten wir vorsichtig aus einem
Gangfenster ins Freie.
Was wir da sahen, war erschauernd.
In der Schneelandschaft sahen wir zwei dunkle
Gestalten mit einem langem Messer, das im
Mondlicht
bedrohlich glänzte.
Sie schlichen ums Haus.
Es war schrecklich.
Nach längerem Ausharren hörten wir plötzlich ein
Auto.
Es waren Polizisten.
Die Nachbarin vom gegenüberliegendem Gasthaus
muss etwas bemerkt haben,
daß bei uns etwas nicht stimmt.
Sie war ja die einzige, die ein Telefon gehabt hat.
Es ging ganz schnell.
Die zwei Männer wurden gefasst.
Die Erleichterung war derart stark, daß meine
Eltern und die Wirtsleute sich umarmten.
Wir hatten ein zweites Weihnachten.
Was geschah mit diesen zwei Verbrechern?
Ich habe einmal gehört, daß sie zwei Jahre
gesessen sind.
Aber warum sie den Josef umbringen wollten, habe
ich nie erfahren.
Man weiss nie,was für Gäste kommen.
Mit dem Problem muß ein Wirt leben.

Den harten Kern einer Wirtschaft bilden die
Stammgäste.
Jeder weiss Geschichten zu erzählen.
Es gab solche, die hatten einen Witz in ihrer
Erzählweise, der originell und
zugleich so lustig war,dass das Gelächter oft zu
unserer Wohnung drang.
Der Winter war besonders romantisch.
Wenn der Mond die Schneelandschaft beleuchtete
und alles glitzerte als ob
Diamanten die Abendlandschaft erstrahlten.
Ja, dann war es besonders schön zu rodeln.
Wir waren da nicht alleine— nein, da war
Hochbetrieb.
Am lustigsten war das Anhängen.
Der erste Rodler war ganz vorne.
Alle anderen legten sich bauchseitig auf seinen
Rodel und hingen sich an den Füssen
am nächsten Rodel ein.
So entstand eine Riesenschlange, manchmal bis zu
zehn Rodlern.
Am Schlimmsten hatten es die Letzten.
Meistens zwei Mädchen , die normal auf dem Rodel
sassen.
Und dann ging es los.
Wie eine Schlange bewegt sich das Rodelgespann.
In jeder Kurve kreischten die Mädchen und es
mußte ja passieren.
In irgendeiner Kurve flogen sie dann in den Schnee.
Das war richtiger Winterspass.
Damals konnte man noch auf unseren Wegen und
Strassen ohne Probleme hinunterbrausen.
Heute wird gestreut, beziehungsweise es kommen
zu viele Autos.

Früher war höchstens das Pferdegespann mit dem
Holzschneepflug unterwegs.
Ich höre noch heute die Glöckchen und den
Pferdegalopp.
Ob es jetzt der Nikolausabend, ob es Weihnachten,
ob es das Rodeln oder
Schifahren war, der Winter offenbarte sich als
Jahreszeit, die voll schöner Erinnerungen war und
ist.
Heute ist alles maschinell.
Man geniest den Sport, Weihnachten usw. wie am
Laufband.
Irgendwie ist alles vorprogrammiert.
Es funktioniert.
Wir funktionieren.
Wir sind Teil einer Masse, die keinen Platz mehr
für das individuelle Geschehen hat.
Im übertriebenem Erlebnishunger nach Neuem
versuchen wir den
ultimativen Kick.
Das ist die Gier der Unersättlichen.
Man wird auch genau von diesen Unersättlichen
geleitet.
Die nach mehr und mehr und mehr lächzen.
Wo ist das stille Erleben, das Erfassen der Natur?
Das Empfinden des Augenblicks, den uns die Natur
bereitet hat und unsere Seele braucht.
Wieder zurück zum Bauernhof.
Wir Burschen waren immer an der frischen Luft.
Bauten Baumhäuser, fuhren mit unseren Rädern
eine Art Moto-Cross und spielten Fussball.
Auf der Wiese und im Innenhof.
Zu unserem Leidwesen gab es da einen
Zimmergast, der uns jeden Morgen unseren

Fussball wegspirzte.
Und zwar so weit, daß wir ihn immer suchen
mußten.
Da kam uns eine gemeine Idee.
Unser Ball war genauso grau und genau so groß wie
die zwei Betonkugeln eines selbstgemachten
Stemmeisens.
Ein großer Sandhaufen zierte unseren Innenhof und
er war so hoch, daß wir das Stemmeisen
senkrecht in den Sandhaufen eingraben konnten.
Es schaute nur noch die obere Kugel heraus.
Was geschah?
Am nächsten Morgen kam der Hausgast.
Sah den Ball an der Spitze des Sandhaufens.
Zu verlockend, diesen Ball mit besonderer Wucht
in die Ferne zu knallen.
Er zog die Schuhe aus und nahm einen Anlauf.
Dann schoss er mit aller Wucht auf die Betonkugel.
AUWEIA
Wir hörten ihn jaulen und er tanzte im Kreis.
Es war fürchterlich.
Er verzog sein Gesicht in alle möglichen Grimassen
und schrie vor Schmerzen.
Einen Monat lang hinkte er , aber seitdem schoss
er unseren Ball nie mehr ins Feld.
Es gab keinen Fernseher, keinen Computer, kein
Videospiel , aber unsere
Fantasie, die konnte sich sehen lassen.
Was wir hatten, das war eine sogenannte
Nestwärme.
Ich glaube, daß diese Wärme das Fundament für
eine Entwicklung
der Seele und der Suche nach wahren Zielen im
Leben ist.

Die Orientierungslosigkeit der Jugend ist das Ergebnis
der Orientierungslosigkeit der Erwachsenen.
Eine Verwahrlosung entsteht durch Einseitigkeit.
Man braucht nur die Erde wie sie sich heute präsentiert
anzuschauen, um zu verstehen was Verwahrlosung ist.
Die Umweltpolitik, Ernährungspolitik, die Geldpolitik usw.
Was nützt es dem Menschen, der Menschheit.......NICHTS.
Alles nur Schall und Rauch.
Wenn man es genau betrachtet........
.......eine Beleidigung der menschlichen Seele.
Eine Seele, die einen Weg vor sich hat.
Dem Menschen nimmt man die Träume....die Sehnsucht....die Hoffnung....
die die Seele zum Wachstum braucht.
Man ersetzt es mit materiellem Tand.
Es ist alles so flachgetreten.
Uns fehlt der Mut die INNENWELT umzustülpen und die
Entwicklungsreise zuzulassen.
Die Sehnsucht wachzurütteln, die den Forscherdrang aktiviert.
Dass wir das Leben wieder als Wunder betrachten und sehend werden.
Sehend heisst.......hindurchzuschauen......zum Wesentlichen gelangen.
Es ist der Augenblick, der uns zu Sehenden macht.
Weil wir dann mit der Seele sehen.
Und nicht nur mit dem Verstand.
Die Substanz des Augenblicks......sie ist das

Atom....der Kern in uns.
Das Leben.
Die Kernspaltung ist symbolisch für die
Schizophrenie unserer
Weltgestaltung.
Die Seele und der Verstand spalten sich.
Die Entscheidungsfreiheit die wir haben, sie kann
ins Verderben oder
zum Glück......zur Erfüllung führen.
Das System ist simpel und tragisch zugleich.
Es ist REAL.
Meine Eltern waren bei einer
Glaubensgemeinschaft, die an ein mehrmaliges
inkarnieren
auf dieser, oder anderen Welten glaubte.
Es fanden in unserem Wohnzimmer Andachten
statt.
Wir durften zwar die Möbel abstauben, aber im
Wohnzimmer, der zum Andachtsraum
umgestaltet wurde, da hatten wir nichts verloren.
Eine feierliche Stimmung registrierten wir immer,
wenn die Besucher aus dem
Andachtsraum kamen.
Wir wuchsen natürlich im Bewußtsein auf, daß man
schon mehrmals
auf der Welt war.
Diese Einstellung zum Leben, prägt sich im
Tagesbewußtsein gravierend ein.
Du bekommst eine andere Einstellung zum Leben.
Das Materielle ist dann nicht mehr so wichtig.
Der Erfolgszwang...der Leistungsdruck...den gibt es
nicht.
Du kommst zur Erkenntnis, daß all diese Sachen
gar nicht so wichtig sind.

Es gibt nur noch das HIER und JETZT.
Es ist die Gegenwart.
Es ist der magische Augenblick.
Es ist der Zustand, der das Erfassen des Ganzen beinhaltet.
Es ist die Erkenntnis zu SEIN.
Den Augenblick voll und ganz wahrzunehmen.
Was ein einfacher Lebensgrundsatz verändern kann.
Was ist Wissen?
Da kämpfen Verstand und Seele.
Quantenphysiker sagen, daß Heilungsprozesse nur funktionieren,
wenn man glaubt, daß man gesund wird.
Quantenphysiker sagen auch, daß alles was man denkt und tut , im Kosmos gespeichert wird.
DASS NICHS VERLOREN GEHT
Aurochirurgen und Heilpraktiker sagen dasselbe.
Es gibt ein Sprichwort: Der Glaube versetzt Berge.
Der Placeboeffekt funktioniert auf die selbe Art.
Jetzt wird es aber Zeit, dass ich über meine erotischen Früherlebnisse berichte.
Schon als Vierjähriger sah ich gerne Frauen, die einen Ausschnitt und „Big Bubs" hatten.
Wenn ich eine Frau sah, die dem entsprach, stand ich vor ihr und sagte entzückt:
T A N T E
Mit fünf war ich restlos in ein gleichaltriges Mädchen verknallt.
Ich träumte sogar von ihr.
Es war meine "erste große Liebe".
Wir spielten oft miteinander.
Aber die Freude währte nicht lange.
Ich wurde verspottet und man rief mir zu:

„ Moatlaschmecker"
Was so viel heißt wie: Mädchenschmecker
Ich war so verletzt, daß ich die „ Beziehung"
beendete.
Mit acht verliebte ich mich in das
Nachtbarmädchen.
Mein Bruder veranstaltete immer sogenannte
„Geisterstunden".
Und das in unserem Klo.
Wir mußten vor der Klotüre warten.
Wie beim ARZT.
Jeder, der bei meinem Bruder im Klo war ,wurde
mit sonderbaren Geräuschen
und Geheul und vor allem im Dunkeln einem
Spektakel ausgeliefert,
das natürlich Angst machte.
Meine Angebetete und ich waren dann die Letzten
die drankamen.
Ich war mit ihr ganz alleine und dann geschah
etwas, was ich
schon lange wollte.
Ich gab ihr einen Kuss.
Himmlisch !!!
Es war mein erster Kuss.
Es gibt eine Kinderromantik, die sehr erotisch sein
kann, aber sexfrei ist.
Ich überfliege jetzt ein paar Jahre.
Die Handelsschule war für mich ein notwendiges
Übel.
Wir tippten noch auf den alten Schreibmaschinen,
die einen Lärm machten, als ob ein Panzer
durchs Klassenzimmer fährt.
Wir waren ca.40 Schüler.
Es gab einen Professor aus Ostdeutschland, der

mußte uns immer von seiner Flucht erzählen.
Und er konnte erzählen.
Wir waren froh, daß statt des Unterrichts eine
Erzählstunde stattfand.
Kaum hatte der Unterricht bei ihm angefangen, da
riefen wir alle:
„ d´F L U C H T" !!!
Er schaute in die Klasse ——sah die flehenden
Augen und lächelte.
Und dann........erzählte er wieder von der Flucht.
Er hat es aber trotzdem geschafft , uns seinen
Stoff beizubringen.
Und dann kam sie .....die Zeit , wo die Welt Kopf
stand.
Die B E A T LE S !!!
Sie kamen wie ein Komet am Himmel.
Mein Freund und ich liessen uns sofort die Haare
wachsen
und bald sahen wir wie die Beatles aus.
Wir mußten zum Direktor.
Er wackelte immer mit dem Kopf, das war das
typische, wenn er sadistisch sein wollte.
Dann kam`s
„Wenn ihr zwei bis morgen nicht eine normale
Frisur habt, dann fliegt ihr von der Schule!"
Am nächsten Tag waren wir geschoren, daß sogar
ein amerikanischer Soldat
vor Neid erblassen würde.
„Wenn du nicht parierst, dann raus aus der
Gesellschaft."
Es hat ja immer funktioniert.
"Willst du nicht mein Bruder sein , so schlag ich dir
den Schädel ein."
Mein Vater hat mir folgendes erzählt:

Er war Lehrer in Lustenau und fuhr morgens zum Unterricht.
Am Vortag war der Anschluß Österreichs ins Dritte Reich.
Die Leute grüßten ihn mit dem Gruß: „Heil Hitler!" und er erwiderte „ Guten Morgen!"
Das war zu viel.
Sie schrien: "Hauan da aha vom Rad!" (Schmeiss ihn vom Rad herunter)
Sofort Gewalt.
Wenn man nicht derselben Meinung war.
Das ging bei diesem System sogar soweit, daß sie diejenigen, die nicht ihrer
Meinung waren, umbrachten.
Das Prinzip : "Leben und leben lassen" scheint auch heute noch einigen im Weg zu sein.
Nach der Handelsschule ging ich nach Innsbruck in die Gewerbeschule für Hochbau.
Mein Großvater hatte vor Kriegsbeginn eine der größten Baufirmen in Vorarlberg.
Der Bruder meiner Mutter war Architekt.
Eine Familientragödie im Jahr 1936 beendete die Beteiligung an der Firma.
Mein Großvater starb in diesem Jahr und im gleichen Jahr mein
Onkel mit 28 Jahren an Angina Pectoris, der die Firma übernehmen sollte.
Meine Großmutter unterschrieb dann einen Vertrag ,um die Firma zu retten, indem sie die
Villa usw.der Firma übertrug.
Sie bekam eine höhere finanzielle Abfindung und das Wohnrecht in ihrer nicht zu kleinen Wohnung, solange sie lebt.
Und aus dieser Tradition heraus glaubte man, daß

ich Architekt (wie mein Onkel) werde sollte.
Als Schüler der Gewerbeschule war ich ....sagen wir
leicht revolutionär.
Mein Plan war eine sogenannte „VOLKSBARACKE"
zu konstruieren.
Die Idee wäre heute aktueller denn je.
Bei diesen ausbeuterischen Verhältnissen.
Bei einer normalen Unterrichtsstunde provozierte
mich mein Nachbar extrem (der Professor war
gerade im Klo ,wo er immer seinen Schnaps trank)
Ich stürzte mich auf ihn und es begann eine wilde
Schlägerei im Klassenzimmer.
Die ganze Klasse stand auf und die zwei Mädchen
(heute ist das Verhältnis 50:50) schrien laut.
Wir schlugen uns mit den Fäusten, lagen auf dem
Boden und rauften.
Wir kamen in Richtung Schultafel.......das
Holzdreieck und das Holzlineal zerbrachen in X
Teile.
Irgendwann war Schluss.
Der Professor hing immer noch an der Flasche.
Als er wieder in die Klasse kam, sah es aus als wäre
nichts geschehen.
Am nächsten Tag war mein Kontrahent am linken
Auge blau und ich am Rechten.
Wir haben uns wieder vertragen.
Auch im Heim war ich kampflustig.
An einem Samstag Abend ....so ca. 23 Uhr kam mir
einer in die Quere.
Ich stürzte mich auf ihn und wir schlägerten
drauflos.
Zu unserem Unglück fielen wir beide mit dem Kopf
auf die Zentralheizung.
Wir schauten uns am Bodenliegend an.

Viel Blut rann von unseren Köpfen herunter.
Der Heimleiter wurde gerufen und er fuhr mit uns
in die Klinik.
Die Geschichte die wir dem Heimleiter erzählten,
daß wir aus Spass gerangelt haben, glaubte er
sowieso nicht.
In der Klinik nähten sie unsere Wunde mit
Plastikdrähten.
Um 3 Uhr war das Kunstwerk vollendet.
Jedem wurde eine Glatze mit einem Durchmesser
von ca.10 cm geschoren.
Der Plastikdraht leuchtete förmlich auf diesen
zwei „Blutzern".
Am Sonntagmorgen war wie üblich das Frühstück.
Alle Heimschüler waren da, nur wir nicht.
Da kam der Heimleiter ins Zimmer.
Aufstehen….das Frühstück ist fertig.
Alle warten schon auf euch.
Wir wurden dann ,vom Heimleiter mit unserer
Glatze, dem lachendem Publikum vorgeführt.
Mir machte die Schule keinen Spass und beendete
sie.
Meine Eltern vermittelten mich dann zu ihren
Glaubensbrüdern in Tirol.
Der Arbeitsablauf war nicht gerade nach meinem
Geschmack.
Um 5 Uhr aufstehen.
Um 6 Uhr zum Rapport.
Ich wurde in die Gärtnerei eingeteilt.
Zuerst mußte ich einen Komposthaufen umgraben.
Dort lernte ich die Enkelin des Erfinders der
Litfasssäule kennen.
Eine nette Berlinerin.
Nach Spargelstechen, jäten usw. wurde ich dann

von der Gärtnerei zu einer etwas
härteren Arbeit eingeteilt.
Ca. 100 Kubikmeter Aushub mit Bickel ,Schaufel
und Förderband für einen Dieselöltank.
Um 10 Uhr oder auch früher gab es Teepause und
eine Scheibe Brot mit Marmelade.
Um 12 Uhr das Mittagessen und um 13 Uhr ging es
wieder an die Arbeit.
Es war eine 11 stündige Arbeitstherapie.
Kräftig war ich ja ……..zumindest danach.
Interessante Menschen lebten dort.
Ein Australier, dessen Vorleben sehr verwegen war.
Ein Schweizer, mit dem ich sehr interessante
Gespräche geführt habe.
Nigerianer, mit denen ich ein besonders herzliches
Verhältnis hatte.
Kurzum…..es war ein illusteres Völkchen auf dem „
Berg".
So nannte man den Ort der Läuterung.
Es gab sogar einen englischen Lord.
Den Lord Freeman, der für seinen typischen
britischen Humor bekannt war.
Und…….
sehr schöne Mädchen.
In eine habe ich mich verliebt.
Aber ich war Mädchen gegenüber sehr schüchtern.
Es blieb beim distanziertem Verliebtsein.
Am Sonntag ging man zur „ Andacht".
Die Besitzerin und Tochter des Gründers des
„Berges" fuhr mit ihrem schwarzen Cadillac, der
noch
aus den 50 er Jahren stammte, zur Andacht.
In der großen Andachtshalle, in der ca. 1500
Personen bei den Feiern Platz hatten. saß sie vorne

in einem tronartigem
Stuhl neben dem Altar.
Dann kam eine Person und trug einen Vortrag des
Gründers der Gralsbotschaft (Ab dru shin) vor.
Dann gingen alle Besucher zum Altarbereich und
die Frauen mit ihren langen weissen Kleidern, die
mich an
griechische Priesterinnen erinnerten, hatten
Tabletts in den Händen, auf dem kleine Gläschen
mit Wein standen.
Jeder nahm sich ein Glas und ging behutsam
wieder auf seinen Platz.
Eine Orgel begleitete diese Zeremonie, die mich
beeindruckte.
Am Schluss der Feier, rundete dann das
Glockengeläute die Feierlichkeit ab.
Ich hatte den Eindruck, daß jeder in sich gekehrt
war und einen inneren Frieden hatte.
Nach ca.4 Monaten beendete ich dann diese
Episode und mein Ziel war es Grafiker
zu werden.
Der Lehrergehalt meines Vaters war aber zu klein
und für meinen Vater war Wien nicht der Ort, wo
ich gedeihe.
Mit 17 begann ich eine Fotografenlehre.
Es war eine klassische Fotografenausbildung.
Man setzte Entwickler mit den chemischen
 Komponenten an.
Ebenso den Fixierer und manch andere
Giftmischungen.

Mit der Zeit begann man den Geruch dieser
Substanzen zu mögen.
Zu Beginn meiner Lehre wurde im Studio nur
Schwarzweiss fotografiert.
Die Kameras mit Fotoplatten und Rollfilmen
eingelegt.
Und es wurde retuschiert.
Das Besondere zur damaligen Zeit war, daß das
Negativ mit einer harzähnlichen
Flüssigkeit eingerieben wurde.
Es trocknete sofort und man spannte das Negativ
auf einen Retuschierpult,
der von hinten beleuchtet wurde.
Mit einem weichem Bleistift retuschierte man eine
Warze, einen Pickel , sogar einen Kropf,
kurzum alle Unebenheiten.
Mein Chef sagte mir einmal: „Das Gesicht schaut
aus wie ein Babyarsch !"
Da habe ich die Retusche etwas übertrieben.
Die Freizeit war für mich besonders wichtig.
Im Winter gab es noch keine Lifte in unserer
Umgebung.
Die Strecke mußte man sich selber trippeln.
Beim Trippeln stellt man sich mit den Schiern quer
gegen den Hang und stellt den
mit einem Schritt zur Bergseite nach oben und
zieht den Talschi nach.
Je öfter man die Strecke fuhr, desto glatter und
schneller wurde die Piste.
Wir bauten Schanzen ein, sodaß die Strecke
spannender wurde.
Bald kamen Freunde und Bekannte und es war
immer eine „Gaude".
Der schlimmste Teil war der Schlußhang.

Mit großer Geschwindigkeit kamen wir mit unseren
Brettern zum Abhang und schanzten fast
bis zum Punkt , wo es wieder flach wurde.
Es war immer eine Mutprobe.
Das Gefühl kann man mit dem Sprung vom 5 Meter
Brett im Schwimmbad vergleichen.
Es braucht eine Überwindung ins Nichts zu
springen.
Wir haben in unserem Leben immer wieder
Situationen wo wir vor einem solchen Sprung sind.
Es braucht Überwindung.
Aber wenn wir es tun......dann werden wir belohnt.
Jeden Tag wenn wir aufstehen, sollten wir diesen
Sprung wagen.
Dass wir uns frei machen von allen unseren
Ängsten und uns öffnen.......und in den Tag
springen.
In der Geschichte der Menschheit wurden wir von
fast allen Regisseuren der Weltgeschichte nur
betrogen und uns wurden unzumutbare Märchen
erzählt und das Schlimmste ist,
daß wir am Schluss glaubten, es gibt sie.
Jeder stirbt für sich alleine und geht als Wissender
oder als armselige Gestalt von dieser Welt.
Du lebst und stirbst in der Welt, die du dir selbst
geschaffen hast.
Mohamed, Jesus, Laotse , Buddha ,Zarathustra
usw. sie alle wollten die menschliche Seele
zum Erglühen bringen.
Aber die Machenschaften der Mächtigen liessen das
nicht zu.
Zu unkontrolliert wären dann die Menschen.
z.B.einige Evangelien wurden komplett
verheimlicht.

Ich will mich nicht in den religiösen
Behauptungskampf einmischen.
Ich will nur sagen, dass, wenn es einen Gott gibt,
dann ist der Mensch wichtig ....sein ICH ....seine
Seele.
Die Seele die wir spüren, wenn wir alleine und in
Stille sind.
Nicht umsonst haben Mönche, egal welcher
Religion sie angehören, Methoden entwickelt,
die die Sensibilität in unserem Inneren aktiviert.
Durch Übungen, Tänze, Meditationen, Gebete.
Es geht alles auf eine Reinigung hinaus.
Reinigung des Aufnahmezustandes.
Wenn zum Beispiel der Radio stört, drehen wir so
lange, bis wir den richtigen
Empfang des Senders haben.
Oder das Objektiv wird bei der Scharfeinstellung so
lange gedreht, bis das Objekt scharf ist.
Heute geht das sowieso automatisch.
Genauso ist das mit unserem Bewußtsein.
Du mußt alles Unnütze, das du ja freiwillig
aufgesaugt hast, in deinem Bewußtsein filtrieren
und nur
das an dich heranlassen, was für dich wesentlich
ist.
Das entscheidest aber nur du alleine.
Und da gibt es das Reflektieren, die
Kommunikation der Seele mit der Realität, der
Schöpfung.
Die Kontemplation.
Der beste Freund ist dabei die Natur selbst.
Sich öffnen....einer Blume gleich, die sich den
Sonnenstrahlen hingibt.
Und was erfrischt uns mehr wie ein klarer Tag, die

frische Luft und die Weite der Landschaft, die uns beglückt.

Noch einmal zurück zum Mut und Unbekümmertheit, die wir in unserer Jugend haben.

Manchmal braucht man nicht nur Mut usw. , sondern auch das nötige Glück.

Als zweijähriger lief ich meinen Eltern während eines Spaziergangs davon und sprang direkt auf einen 80 Meter tiefen Abgrund zu.

Mein Vater konnte mich in letzter Sekunde retten.

Es war noch Besatzungszeit.

Das Schwimmbad konnte man nur am Dienstag und Donnerstag besuchen.

Von 14 - 16 Uhr durften nur die Frauen mit ihren Kindern ins Bad.

Deshalb badeten wir oft an der Ill.

Ein schöner Fluß der in den Rhein fließt.

Ich war ca. 3 Jahre alt und spielte im Sand.

Irgendwie schaffte ich es, in ein Wasserloch zu fallen, das unterirdisch nach ca. 100 - 200 Metern den Ausgang hat.

Die Erinnerung ist, daß ich den oberen Kreis des Lochs sah.

Laut Aussage meiner Mutter, mußte ich durch wildes strampeln , wieder an die Oberfläche gelangt sein.

Mit 6 Jahren fuhren wir immer mit den Waggons auf dem Holzplatz, der ein Schienennetz hatte.

Es war auf diesen Waggons ein Riesenspass..

Man schob sie so weit, bis es abwärts ging.

Möglich war das nur am Wochenende, wenn die Holzarbeiter nicht anwesend waren.

Mit großem Tempo ging es los.

Dummerweise stand ich ganz vorne auf einem
drehbaren Balken.
Ich rutschte aus und wurde unter den Wagen
geschleudert und das alles bei einem großen
Tempo.
Das Gewicht des Wagens und die 10
Kinder....kurzum der Wagen fuhr über mich und die
linke Hand war mit dem linken kleinen Finger
auf dem Gleis. Er wurde vorne zerquetscht.
Nicht auszudenken, wenn ich mit dem Kopf auf
dem Gleis gelegen hätte.
Wir waren 14 Jahre alt.
Mein Freund Siegfried und ich fuhren mit einem
Rodel eine eisige Rodelbahn in vollem Tempo
hinunter.
Bei der berüchtigten Linkskurve hatten wir keine
Chance.
Wir fuhren geradeaus in den Abgrund.
Der Sprung mit dem Rodel endete nach ca. 50
Metern.
Der Rodel zerbrach in alle Stücke und das Holz
grub sich in unsere Gliedmassen.
Heute sind dort viele Bäume.
Damals wäre uns das zum Verhängnis geworden.
Mit 21 Jahren fuhr ich mit dem Moped nach
Lugano.
Die 80 Franken im Sack , zwangen mich zu einem
spartanischem Tagesprogramm.
Ich genoss den schönen Tag. Ging noch am Abend
aus und danach suchte ich in einem Wald nach
Lugano,
eine Schlafgelegenheit. Weil es so kalt war, konnte
ich nicht einschlafen. Ich glaubte ,im Süden ist es
auch in der Nacht warm.

Um ca. 3 Uhr kamen Schritte immer näher.
Es war unheimlich und ich bekam Angst.
So ca 2 Meter vor dem Gestrüpp drehte die Person
um und die Schritte wurden immer leiser.
Um 4 Uhr 30 packte ich alles zusammen und fuhr
nach Ascona, wo ich den Fischern zuschaute.
Dann kam in mir das Gefühl auf, daß ich wieder in
den deutschsprachigen Raum will.
Nach einer wunderbaren Fahrt über den St.
Gotthard Pass ,gelangte ich dann in die Nähe von
Luzern.
Ich stellte mein Moped ab und ging zum Strand.
Mir gefiel der Vierwaldstättersee so gut, daß ich
auf die Idee kam, ans andere Ufer zu schwimmen.
(ca. 3 km)
Die schlaflose Nacht, die Fahrt am Vortag und die
achtstündige Fahrt von Ascona ,mußten mich
geschwächt haben.
In der Mitte des Sees überkam mich plötzlich eine
Angst, die sich zur Panik steigerte.
Weil niemand im See war und ein Hilferuf sinnlos
gewesen wäre, dachte ich nur noch an meinen
Vater, meine Mutter und Geschwister.
Es ging alles sehr schnell und in meiner Todesangst
spürte ich nur noch das Eine.
Ich muß dort zurück, wo ich hergekommen bin.
Dank meines Kraulens und meiner Kondition ,
erreichte ich schliesslich das Ufer. Heute noch
sehe ich den Schaum vor mir, den ich durch das
Kraulen
erzeugte.Und das Gefühl, wieder einen Boden
unter den Füßen zu haben .....kaum zu
beschreiben.
Seitdem kann ich nicht mehr ins tiefe Wasser.

Sobald ich keinen Boden unter den Füßen habe,
bekomme ich panische Angstzustände.
Meinen französischen Akzent, den ich danach
hatte, klärte sich erst jetzt auf. In einer
Fernsehsendung erfuhr ich, daß nach einem
Schockerlebnis, der Betroffene eine fremde
Sprache oder einen Akzent einer fremden Sprache
sprechen kann.
Warum das so ist?
Jesus soll gesagt haben, daß man nach dem Tod,
den Becher des Vergessens trinkt.(Thomas
Evangelium).
Es gibt Begegnungen in unserem Leben, die
plötzlich ein Gefühl der besonderen Nähe
erzeugen.
Ebenso kann eine Landschaft oder eine Stadt
solche Gefühle erzeugen.
Gefühle als ob man schon einmal da war, oder daß
man denjenigen schon lange kennt.

Der Tod ist abstrakt. Mit dem Verstand kann man ihn nicht begreifen.
Man soll und muß auch nicht alles erklären....zergliedern.
Wir brauchen die Empfindung und die Sehnsucht nach dem Unendlichen, als Antrieb immer weiter zu suchen und zu forschen.
Um unsere Lebendigkeit (Vergleich. Wie die Elektronen im Atom) wach zu halten.
Die grauenvolle Geschichte der Menschheit, hat trotz der schlimmen Ereignisse, immer wieder neue Perspektiven eröffnet.
Oft wurden diejenigen, die diese Perspektiven ermöglichten, von den Mächtigen verfolgt und auch umgebracht
bzw. mundtot gemacht.
Oder ihre Botschaften so umfunktioniert, daß sie ins System passten.
Aber der innere lebendige Kern des Menschen ,wird sich in der geistigen Evolution durchsetzen.
Was ist denn Zeit?
Zeit ist abstrakt gesehen immer das JETZT.
Mit dreiundzwanzig Jahren begann für mich ein Prozess, der mich veränderte.
Ich erklärte mich von heute auf morgen zum Kunstmaler.
Beendete meinen Job als Fotograf und fing an zu malen.
Die Freiheit die ich ab diesem Zeitpunkt spürte, beflügelte mich derart, daß ich sogar manche Nacht durcharbeitete.
Aber die Freiheit birgt auch Gefahren.
Im Keller errichtete ich mein Atelier.
Es war ein hoher, verhältnismäßig großer Raum.

Freunde kamen und es wurde philosophiert,
geraucht und getrunken.
Bei diesen Diskussionsrunden befanden sich
hauptsächlich Studenten.
„Bei dir ist die Freiheit" …….das empfanden
manche.
Freiheit ist eine Grundsehnsucht des menschlichen
Bewusstseins.
In meinem Kelleratelier gab es auch einen
Rednerpult.
Jeder meiner Freunde konnte, auch wenn es noch
so spät oder früh am Morgen war,
seine Pamphlete über die Gesellschaft verkünden.
Es war ja die Hippie-Zeit.
Es gab nur ein Thema: Die
GESELLSCHAFTSVERÄNDERUNG !!
„Nieder mit der Bourgeoisie" war der Schlachtruf.
In endlosen Diskussionen wurden Veränderungen
beansprucht.
Joseph Beuys Spruch „ In jedem Menschen steckt
ein Künstler" wirkte wie Zündstoff, unsere
Vorhaben zu verwirklichen.
Wir gründeten die Künstlergruppe „Die Schmiede"
Die Firma Ganahl stellte uns kostenlos das
Gebäude (die Schmiede) zur Verfügung.
Dichterlesungen, Malertreffen, Ausstellungen,
Diskussionen, Performences usw…..kurzum ein
pulsierendes
Netzwerk der Kultur.
Organisatorisch waren wir aber eher chaotisch und
das Kulturzentrum verlagerte sich immer mehr in
meinen Keller und in die umliegenden Gasthäuser.
Die revolutionären Gedanken, die
Aufbruchstimmung zu einer neuen Gesellschaft

verbarg auch Gefahren.
Alkoholexzesse und Rauschgiftexkursionen
vernebelten unsere Ziele.
Mein bester Freund starb mit 27 Jahren an Heroin.
Ein hochbegabter Kunststudent.
Und ich hatte nach einem LSD Horrortrip
Realitätsprobleme.
In meinem Horrortrip nahm ich die Welt nur noch
flach wahr.
Es war alles flach. Das Oben und das Unten
existierte nicht.
Das Einzige wo ich mich noch erinnern kann, war
die bedrohliche Situation, indem ein Skorpion
immer näher
auf mich zukam.
FLACH ......DUNKEL.........das GRAUEN.

Dann im selben Jahr.
Ich schlief.
Plötzlich um 3 Uhr morgens wachte ich auf und ein
Dämon war über mir. Er wollte mich aus meinem
Körper herausdrängen.
Ich sprang in panischer Angst aus dem Bett und
spürte eine Art von Besessenheit, die über mich
kam.
Ich wehrte mich und stürzte sofort auf ein Buch
der Gralsbotschaft von Abdrushin.
Ich las einen Vortrag über Besessenheit und es hat
geholfen.
Trotzdem hatte ich danach furchtbare Ängste.
Nicht einmal aus dem Haus traute ich mich.
Ich fürchtete, daß ich in eine unendliche Tiefe
fallen würde.
Ich hatte keinen Halt mehr.
In dieser Phase verbrannte ich fast alle meine
Bilder
und sprang in der Wohnung in einem Pelzmantel a
´la Beuys umher.
Es klingelte an der Haustür...öffnete die Tür und
eine Freundin stand vor mir.
Die Begegnung war schrecklich, denn wie kann ein
Ertrinkender eine Ertrinkende retten.
Sie stand vor mir und ich spürte wie ihre Seele in
die Unendlichkeit hinabfiel.
14 Tage später hat sie sich umgebracht.
Irgendwie besann ich mich, den Weg den ich
eingeschlagen habe, zu beenden.
Es dauerte einige Zeit, bis ich wieder einen Job als
Fotograf bekam.
Das ungeregelte Leben ,machte es mir unmöglich,
ein geregeltes Leben zu führen.

Es ist wie beim Rauchen.
Wenn du einmal etwas gewohnt bist, ist es
schwierig aufzuhören.
Trotz meines Eintritts ins Berufsleben, war ich
psychisch labil.
Nach einer durchzechten Nacht, mußte ich den
ganzen Tag im Labor arbeiten.
Dunkelheit, Lärm des Gebläses, Stress und die
Hitze der Lampen des Großvergrößers,
setzten mir an diesem Tag noch zu.
Nach der Arbeit wartete ich am Bahnhof auf
meinen Zug.
Plötzlich überkam mich ein grauenhaftes Erlebnis.
Furien wollten mich aus meinem Körper drängen.
Ich sprang mit meiner Aktentasche um mein
Leben.
Es gelang mir, indem ich durch fast ganz Dornbirn
gesprungen bin, die Furien abzuschütteln.
Schauderhaft.......ein Alptraum.
Nach zwei Nervenzusammenbrüchen wurde ich
einen Monat krankgeschrieben und kündigte.
Trotz aller dieser Schwierigkeiten , machte ich in
dieser Laborzeit die Meisterprüfung.
Danach organisierte mein Vater einen
Arbeitsaufenthalt in der Religionsgemeinschaft in
Tirol.
Dort lernte ich sehr interessante Personen kennen,
die mir in meiner Not halfen.
Meine Arbeit war rein körperlich.
Ich machte den Aushub für die Rollierung ,für
einen Weg mit Bodenplatten , zur Pyramide.
Es war zwar eine hart Arbeit, aber es schadete mir
nicht.
In meinem Kopf drangen unzählige Gedanken ein.

Mein Kopf war wie ein Planet , der ungeschützt
dem Meteoritenhagel ausgeliefert war.
In meiner Not ging ich zu einer dort lebenden
Heilerin.
Ich stand vor ihr.
Mir war, als ob ich nur mit meiner Seele vor ihr
stand.
Nackt ist der falsche Ausdruck.
Es war wie ohne Körper , aber mit nackter Seele.
Dann habe ich geweint.
Aller Schmerz und das ganze Belastende in mir,
rann wie eine Schlacke von mir.
Sie kam auf mich zu und hielt die Hände in ihrer
Bauchgegend. (Man spricht vom Sonnengeflecht)
Dann drehte sie ihre Handflächen blitzartig um und
es übersprang ein Lichtfunke direkt auf meine
Bauchfläche.
Und dann gab es noch ein Erlebnis, das mein Leben
veränderte.
Es geschah bei einer Feier auf dem „Berg".
Als ich inmitten der Feiergäste sass ....geschah
es.
Es schoss plötzlich ein Lichtstrahl durch mein Hirn
und drehte das Ganze um 180 Grad.
Es kam mir wie ein Ruck durchs Gehirn vor.
Dass dieses Erlebnis mein Leben veränderte,
konnte ich in diesem Jahr erfahren.
Im Februar meldete ich mein Gewerbe als Fotograf
an.
Anfangs als freier Fotograf und arbeitete mit
Grafikern zusammen.
Am 14.August 1975 eröffnete ich mein Fotostudio,
in dem ich heute noch bin.
Du brauchst einfach manchmal Hilfen.

Du lebst ja nicht alleine auf dieser Welt.
Und das Prinzip des Gebens und Nehmens ist der
Schlüssel in unserem Gesellschaftssystems.
Alle Religionen bauen ja auf diesen
Grundprinzipien auf.
Die Nächstenliebe und das Prinzip der inneren
Läuterung sind Bausteine einer funktionierenden
Gesellschaft.
Zarathustra gab schon vor dreieinhalbtausend
Jahren die Grundlagen für ein glückliches Leben.
„ GUTE GEDANKEN ———GUTE WORTE ——— GUTE
TATEN"
Meine Einstellung wie man mit negativen
Gedanken umgeht:
„Gib den negativen Gedanken die Hand und
begleite sie mit Entschlossenheit vor deine
Türe........
und SCHMEISS SIE RAUS!
Gedanken sind eine Macht....sie sind die Brutstätte
einer seelischen Entwicklung ,bzgl.Persönlichkeit.
Negative Gedanken haben eine zerstörerische
Kraft.
Positive Gedanken eine aufbauende Kraft.
Atme bewußt das Positive ein.
Atme entspannt das Negative aus.
Mit atmen kannst du deine Seele heilen, denn
Körper und Seele sind ja eng verbunden.
Jetzt gehen wir etwas zurück und zwar in dieZeit
nach der Lehre,
In die Zeit des Bundesheeres.
Der militärische Drill in der Grundausbildung gefiel
mir überhaupt nicht.
Aber die Kameradschaft in unserer Kaserne war so
stark, daß man die Befehlsszenarien akzeptierte.

Die Freizeit wurde dafür aber viel intensiver
genossen.
Wie sooft waren wir in einem der schönen
Gastgärten in Salzburg.
Dann ging es wieder zurück........in die Kaserne.
Dieses mal in einem Puch 500. Das Problem aber
war,wir waren 10 Personen und nur das kleine
Fahrzeug.
Dennoch zwängten wir uns ins Auto.
Es war ein fahrendes Kunstwerk bis.... ja bis......o
Schreck.......eine Polizeikontrolle gesichtet wurde.
Zum Glück ein Lichtblick.
Eine Seitenstrasse bzw. ein Weg. Ein Feldweg.
Wir bogen mit gequitsche in diesen Weg hinein.
So gut wir sehen konnten,wurden wir von einem
Polizisten auf einem Motorrad verfolgt.
Hinter uns staubte es nicht schlecht.
Und dann geschah es. Unser Verhängnis war eine
starke Linkskurve.

Das schafften wir nicht.
Unser „Püchle" überschlug sich X-mal.
Die Räder oben ....das Dach unten. Der Polizist
umgekehrt vor uns.
Mit einem süffisantem Lächeln stand er da.
Aber was er jetzt sah....so etwas hat er sicher noch
nie gesehen.
Er staunte nicht schlecht, als wir aus dem Auto
krochen.
Es nahm kein Ende....immer mehr krochen heraus.
Der Polizist muß aber so überwältigt von diesem
Anblick gewesen sein,
als 10 Jungsoldaten in ihrer Uniform vor ihm
gestanden sind, dass er von einer Anzeige abstand
nahm.
Wir waren übrigens alle unverletzt.
Eine wilde Truppe waren wir schon.
Es war ein Pokerabend. Derjenige, der gewonnen
hatte, bekam einen Whisky.
Er hatte auch seine Wirkung.
Um 2 Uhr Morgens hatten wir eine zündende Idee.
Vom Alkohol beflügelt machte unser Freund, ein
Schauspieler, den Vorschlag zu seiner Freundin,
eine Opernsängerin aus Amerika, die in Anif
wohnte, zu fahren.
Das Problem war nur, wie kommen wir um diese
Zeit aus der Kaserne.
Sofort schrieb ich als Oberfälscher 8
Ausgangsscheine (im Grunde genommen ein
Wahnsinn) mit dem Zweck,
eine Fotoreportage in Seefeld zu machen.
Aber bei den Promillen im Blut.......na ja.
Wir fuhren mit zwei Autos los und kamen zum
Nordtor.

Die Wachmannschaft kam auf uns zu und
kontrollierten unsere Ausgangsscheine,
mit der gefälschten Unterschrift des Majors.
(oberster Kommandant der Kompanie)
Na......Mahlzeit.
Der Wachtmeister beschlagnahmte die Scheine.
Er sagte nur.......heute gibts was.
Und dann geschah das Wunder von Salzburg.
Der Schauspieler sprang aus dem Auto und ging
direkt zu einem Wachposten.
Er sprach intensiv mit ihm.
Der Wachposten war sein Freund und auch
Wachtmeister.
Die Schranke ging auf und wir fuhren aus der
Kaserne.
Um ca 3 Uhr klingelten wir bei der Amerikanerin.
8 Wildlinge in einer wilden Wohnung. Ein
Riesenbett beherrschte den Raum, der gar nicht so
klein war.
Eine Staffelei mit einem frisch gemalten
Ölgemälde und eine riesige chinesische Vase
waren die einzigen Einrichtungsgegenstände ,
neben dem überdimensionalen Bett ,die in der
Wohnung waren. Die Vase war ein Geschenk ihres
Vaters, der sie extra mit dem Schiff nach Europa
kommen liess.
Sie war so ca 1 1/2 Meter hoch.
Den Boden des Zimmers sah man nicht, da alles auf
dem Boden lag.
Der Gesamteindruck...........eine richtige
Künstlerbude.
Eine Flasche Cognac wurde herumgereicht und es
war ein Spass bei ihr zu sein.
Bis zu dem Zeitpunkt wo ihr Freund das

Gleichgewicht verlor.

Er flog genau auf die Staffelei , wo das frisch gemalte Bild war.

Das Bild auf dem Spannrahmen duplizierte sich auf seinem Anzug.

Seine Freundin schrie im amerikanischen Slang.

Aber sie hatte ja jetzt zwei Bilder. Eines seitenverkehrt auf seinem Anzug und eines mit weniger Farbe , aber dafür abstrakter.

Sie hat sich wieder beruhigt und wir feierten weiter.

Der Alkohol zeigte auch bei mir seine Wirkung.

Plötzlich verlor ich mein Gleichgewicht und ich landete ....wo?

In einem riesigen Scherbenhaufen.

Es war die chinesische Vase.

Natürlich auch das Ende unserer Besuchszeit.

Wir hinterliessen ein Trümmerfeld und sie hat uns alle rausgeschmissen.

Zum Glück, denn um 5 Uhr gab es die Wachablöse.

Und wir fuhren um ca 4 Uhr 40 durchs Nordtor.

Um ein Haar wären wir noch in eine abgestellte LKW Kolonne gekracht.

Ich riss dem Fahrer das Lenkrad herum und es fehlten wenige Zentimeter und alles wäre natürlich aufgeflogen. Man muß auch manchmal Glück haben.

In der Jugendzeit ist man unbekümmert.

Es fehlt die Vernunft.

Man will seinen Freunden was Beweisen.

Anerkennung und Selbstbestätigung haben oberste Priorität.

Wir wollen gelobt werden. Die Frustration wäre die Folge.

Der Frustrierte reagiert mit Hass.
Dieser Hass, diese Wut kann gefährlich werden.
Um die Suche nach Selbstbestätigung der Jugend
zu unterstützen braucht es Menschen,
die die Begabung erkennen.
Pädagogen, die im Gespräch mit der Jugend und
den Eltern, das Potenzial das möglich ist,
erkennen.
Wichtig ist auch, daß das gesamte
Ausbildungssystem zur Förderung des Talents
beiträgt.
Unnützer Ballast ist noch in allen Systemen.
Die Energie geht durch manchen Lehrstoff
verloren.
Meines Erachtens muß sich das gesamte
 Bildungssystem verändern.
Der schlimmste Verlust des Menschen ist der
Verlust der Illusion.
Wir brauchen ein Ziel, damit der innere Motor in
Bewegung kommt.
Wichtig ist, daß der Jugendliche nicht in falsche
Einflüsse gerät.
Daß sein Wunsch nach Anerkennung nicht von
denen missbraucht wird, denen der Mensch
nur noch als williges Werkzeug dient.
Es ist das Erkennen, das Begreifen, das uns zu
realem Handeln zwingt.
Daß uns die Sichtweise unserer Innenwelt den
Instinkt weckt, das Richtige zu tun.
Nur so werden wir autark.
Unabhängig von Einflüssen von aussen.
Wir spüren dann auch die Kraft der Natur , der
Schöpfung.
Nur sie ist es , die uns den inneren Halt und unsere

Orientierung gewährleistet.

Genug philosophiert.

Jetzt kommen meine Autogeschichten.

Dass ich überhaupt keine Ahnung vom Kauf, geschweige denn vom Zustand eines Autos hatte, wurde mir erst klar als ich es besass. Einen Peugeot 403 Baujahr 1960 mit Schiebedach.

5,000,- Schilling bezahlte ich für diesen Schrotthaufen.

Ein Träumer war ich schon immer , aber so etwas ließ sich das Schlitzohr nicht entgehen.

Bei uns war es ziemlich unproblematisch ohne Nummertafel herumzufahren.

Da hatte ich die Idee mit einem Freund eine steile Schotterstrasse zu fahren.

Das steilste Stück schaffte ich aber nicht mehr. Die Hinterräder spulten durch und das Hinterteil des Wagens drehte sich immer mehr in Richtung Abgrund.

200 Meter unten war ein Bauernhof. Mein Freund sprang aus dem Auto und ich überlegte auch, ob ich nicht auch aus dem Auto springen sollte.

Aber mir war klar, das gibt eine Katastrophe. So blieb ich im Auto sitzen und liess das Auto vorsichtig

hinabrutschen. Meter um Meter. Es fiel mir ein Stein vom Herzen als ich wieder auf der normalen Spur war.

Mit Hilfe meines Freundes, der mich dirigierte, rettete ich mich aus dieser misslichen Lage.

Damals waren die Vorschriften des Vorführens noch nicht so streng wie heute.

Die Mechaniker , die mein Auto kannten, lachen noch heute über meinen Peugeot 403.(Colombo hatte den selben Karren)

Das grau war mir zu gewöhnlich. Deshalb mußte er eine neue Farbe bekommen.

Mit blauen Spraydosen wurde die Rostlaube besprüht und bei grösserer Entfernung konnte man sagen:

„ ES IST EIN AUTO „

Als Kunstwerk konnte man die Innenbemalung bezeichnen.

Ausschnitte von Komikheften und Witzseiten......die verschiedenen Farben....kurzum...es gefiel mir.

Ein Geigenkasten, den ich als Bar umgebaut hatte und eine Whiskyflasche mit zwei Gläsern und Pokerkarten

zierte die hintere Ablage.

Eine Luftmatratze, auf die ich einen Totenkopf gemalt hatte (heute wäre das der Hit) und anderer Schmarren , war immer dabei.

Es faszinierte mich und so gestaltete mein Freund Kurt und ich eine Kunstfahrt.

Wie wir zu einer Schaufensterpuppe kamen, das weiss ich nicht mehr.

Auf jeden Fall fuhren wir mit dieser Schaufensterpuppe durch die Stadt. Kurt und die Puppe standen aufrecht im Auto.

Das Schiebedach war für eine solche Performance wie geschaffen.

Er umarmte und küßte sie, bis die Polizei auf uns aufmerksam wurde und die Kunstaktion beendete.

Wir gaben nicht auf und fuhren in die Schweiz.

In Altstätten holten wir unsere Puppe aus unserem Auto und gingen in ein Cafe.

Die Puppe wurde auf einem Stuhl an unserem Tisch platziert.

Die Bedienung kam und wir bestellten drei Kaffees.

Das Abstrakte im Cafe waren aber nicht wir,
sondern das Publikum.
Sie sassen da und redeten nicht ein Wort
miteinander.
Aber nicht nur ein paar Minuten. Es war wie eine
Momentaufnahme.
Die Körper bewegten sich nicht. Sie verharrten wie
versteinert eine ganze Stunde lang.
Das Publikum hat unsere Performance, unser
absurdes Theater perfektioniert.
Ich fuhr in Begleitung einer Blondine durch
Feldkirch.
Mein Freund Siegfried entdeckte uns in seinem VW
und es begann eine wilde Verfolgungsjagd.
Zuerst durch Rankweil, dann durch Götzis bis nach
Hohenems.
Dabei hatten wir Ortsgeschwindikeiten bis 130
Std.km erreicht.
Es war Nachts und es hat zudem noch geregnet.
Irgendwann gaben wir auf und wollten in ein Cafe
in Hohenems.
Es war derart überfüllt,daß wir ein anderes Lokal
ausmachten.
Ich fuhr voraus." Aber heute seh ich aber
schlecht!"
sagte ich zu meiner Begleitung (Ich vergass,das
Licht anzumachen).
Da hat es schon gekracht.
Ein riesiger Findling, der als Begrenzung des
Grundstückes dienen sollte, haben wir gerammt.
Mein Auto war direkt auf dem Stein und die Räder
waren alle in der Luft.
Wir hüpften aus dem Auto und unsere Verfolger
staunten nicht schlecht.

Der Wagen mußte aus dieser misslichen Lage
befreit werden.
Aber was jetzt geschah ,
überraschte uns alle.
Mein Auto fuhr ohne mich davon.
Um Himmels Willen ....ich hatte ja den Gang
drinnen. Blitzartig rannte ich dem „Kübel" nach
und bevor er in einem Graben landete sprang ich
in das Auto und stoppte es.
Meine Freunde lagen am Boden und bogen sich vor
lachen.
Nur der Auspuff und die Stoßstange waren kaputt.

Nach einem Jahr fuhr ich in eine Polizeikontrolle.
Mit 4 glatten Reifen , eine komplett
durchgerostete Karosserie, alle Stossdämpfer
waren funktionsuntüchtig,
aber mir gefiel es ,wenn es so richtig schaukelte.
Der Polizei hat das weniger gefallen.
Die Lichter wurden nur noch durch Tixostreifen
festgehalten. Die Lenkung reagierte erst nach ……..
Kurzum….ich ging mit meiner Nummertafel nach
Hause.
Mein Monatslohn ging für die saftige Strafe auf.
Bevor ich mein Geschäft eröffnete, kaufte ich
einen alten Saab 96. Ein uriges Gefährt.
Meine Kollegen und ich wollten zum Formel 1
Rennen in Zeltweg.
Genau am Vorabend ging der Auspuff kaputt.
Nach einer improvisierten Reparatur schafften wir
das.
Nach einer selbstmörderischen Fahrt fuhren wir in
Richtung Steiermark.
Es mußte ja so kommen. Vor Tamsweg gab der
Auspuff den Geist auf.
Von Weitem mußte der Krach, den unserer Auspuff
verbreitete, zu hören sein.
Als wir das Zentrum von Tamsweg erreichten, war
schon der Dorfpolizist zu sehen,
der uns mit strammer Haltung und mit nach unten
zeigenden Fingern zum Anhalten aufforderte.
Ich fuhr nicht— sondern mein Freund.
Ganz langsam näherten wir uns dem Polizisten und
ich sah noch seinen sadistischen Gesichtsausdruck
und wir fuhren……..an ihm vorbei.
Mein Freund gab mit ohrenbetäubendem Lärm Gas
und ich sah im Rücksitz sitzend den Polizisten

der mit offenem Mund , aber immer noch mit dem
Finger nach unten zeigende Handbewegungen
machte.
Der Polizist wurde kleiner und kleiner und ich
erwartete ab jetzt eine Verfolgungsjagt mit der
Polizei.
Aber nichts geschah.
Der Polizist mußte so im Schockzustand gewesen
sein, daß er noch lange in dieser Position
verharrte.
In diesem Jahr kaufte ich mir einen neuen SAAB.
Der 96 er SAAB war nur noch das Auto für
Jedermann.
Aber nach Monza, zum nächsten Formel1 Rennen ,
fuhren wir mit dem 96 er SAAB.
Das Auto löste in Monza das reinste Erstaunen aus.
Und ausgerechnet in Monza mußte die
Bremsleitung undicht werden.
Zum Glück konnten wir einen Unfall verhindern.
Bei einer Tankstelle organisierten wir bei einem
Installateur Rohrschellen und ein Schlauchstück.
Nachdem wir das Schlauchstück mit den zwei
Rohrschellen mit der Bremsleitung verbunden
hatten,
machten wir die Testfahrt. Wir bremsten und oh
Schreck.....eine große Blase entstand durch den
enormen
Druck in der Bremsleitung.Was tun?
Wir holten noch einige Schellen und montierten
sie. Danach war vom Schlauch nicht mehr viel zu
sehen.
Bei der ersten Testfahrt stellten wir fest, daß sich
der Druck der Bremsflüssigkeit durch den kleinsten
Spalt noch hindurchzwängen wollte, aber wir

haben es geschafft.

Dann ging es ab zum Training der Boliden in Monza.
Mit den mitgebrachten Zangen schnitten wir den
Zaun auf und sprangen den Verfolgern auf und
davon.
Wir suchten uns die besten Plätze im Autodrom aus
und hautnah an der Leitplanke sahen wir, wie die
Rennautos an uns vorbei-
rassten. Mir kam es vor als ob Phantome im Auto
sassen. Es war brutal.
Heutzutage ist alles abgeriegelt und die
Zangentechnik wäre auch nicht mehr möglich.
Wir übernachteten im Freien an einem Papelhain.
Italien pur.
Am nächsten Tag....Zange raus ....durchs Loch und
wieder wurden wir verfolgt. Mit Hunden.
Aber wir haben es wieder geschafft.
Nachdem wir wieder in Österreich ankamen,
benützten alle meine Freunde den SAAB 96. Ein
sogenanntes Wunderauto.
Bei dem man sich nur wundern konnte, daß es
noch lief.
Die „fachmännische Reperatur" der Bremsleitung
...... ja auf die hatte man nicht mehr geachtet und
wurde schließlich
gänzlich vergessen. Eines Tages bekam ich die
Nachricht, daß der SAAB in einem Garten gelandet
ist.
Ich erinnerte mich wieder an die
Bremsleitungsreperatur und so war es auch. Sie
platzte.
Der Autofriedhof meines 3. Autos wartete schon.
Mit meinem neuen SAAB hatte ich nach Jahren ein
eigenartiges Erlebnis.
In Haag in der Schweiz verfolgten uns ein

vollbesetzter VW Golf.

Nach ca. 200 Metern drehte sich das Auto um 180 Grad und fuhren an uns vorbei.

(Profis sagen, dass man es mit der Handbremse macht)

Dieselbe Technik verwendeten sie wieder und überholten uns und fuhren direkt vor uns.

Meine Frau war im 7.Monat schwanger und wir hatten Angst.

Ich wußte, das kann nicht gut ausgehen und versuchte sie zu rammen.

Sie gaben Gas und verschwanden. Es war ca 21 Uhr .

Wir glaubten, daß sie jetzt davongefahren waren, aber wir hatten uns zu früh gefreut.Sie warteten schon auf uns.

Wir fuhren an ihnen vorbei. Etwas weiter vorne schaltete ich das Licht aus und bog nach rechts ab.

Ich kannte die Strecke, denn die Schwester meiner Frau wohnte an dieser Strasse an der rechten Seite in

einer Wohnanlage. Ich fuhr auf den hinteren Parkplatz und nahmen bei der Schwester von Margit Zuflucht.

Wir informierten die Schweizer Polizei über diesen Vorfall. Aber solange kein Gewaltakt vorliegt, greifen sie nicht ein.

So warteten wir bei der Schwester und gingen ins Freie um die Lage zu erkunden.

Ich sah Autolichter auf den Feldwegen. Sie suchten nach uns.

Irgendwann mußten sie die Suche nach uns aufgegeben haben.

Was wollten die vier Männer mit südländischem

Aussehen und Züricher Kennzeichen?
Die Schwester meiner Frau war sehr kreativ.
Aufgrund ihrer unglücklichen Ehe begann sie zu
schreiben.
Leider ist nach ihrem Tod kein Gedicht, keine
Geschichte mehr vorhanden.
Sie wollte als Dichterin anerkannt werden.
Dabei wurde sie von der sogenannten High Society
missbraucht.
Ich will diese Episode nicht genauer beleuchten ,
aber man kann sich ungefähr vorstellen, was sich
dort alles
abgespielt hat. Es waren sicher Drogen im Spiel
und deshalb konnte sie sich an vieles nicht mehr
erinnern, aber
an eines doch noch.....ein Butler hat sie bedient.
So kam sie in Drogenkreise und ein Künstler
machte sie mit ihrem zukünftigen Lebensgefährten
bekannt.
Er betrieb ein Gasthaus oberhalb von Altstätten
und was mich schockierte....er wurde einmal
wegen Totschlags
verurteilt. Meine Frau, ihre Schwester und ich
wollten die „Künstlerin" aus den Klauen dieses
Wüstlings befreien.
Zuerst gab sich ihr Liebhaber loyal, doch plötzlich
entwickelte sich das Ganze in ein Desaster.
Meine Frau und ich rannten zum Auto und
warteten mit laufendem Motor auf die Schwester.
Sie stürmte aus dem Gasthaus und eine Schar
Gäste, die den wild um sich schlagenden Wirt
aufhalten wollten, hinterher.
Der wie ein wildes Tier tobende, riss sich von den
Männern los und die Schwester hat es gerade noch

geschafft ins Auto
zu springen. Beim Wegfahren schlug dieser
Wahnsinnige mit blanker Faust auf meine
Windschutzscheibe.
Sie zerbrach und wir rasten davon.
In Altstätten warteten wir dann 2 Stunden auf die
Polizei.
Es wurde der Schaden aufgenommen.
Aber trotz einer Anzeige, war bei dieser Figur, die
mindestens zwanzig Vorstrafen vorweisen konnte,
nichts zu holen.
Nach diesen Dramen etwas zum Schmunzeln.
Die Schwiegermutter meiner Schwester war auf
der Weinlese im pfälzischem Weinland.
Wir beschlossen, die Oma und ihre Freundin
abzuholen.
Danach besuchten wir das größte Fass der Welt in
Bad Dürkheim.
Im Fass befindet sich ein großes Restaurant.
Wir assen und tranken und hatten es sehr lustig.
Nach dieser geselligen Runde begaben wir uns
dann zum Auto.
Die Oma und ihre Freundin mußten noch, wie
konnte das anders sein, noch auf das WC.
Genau dann, wo die Abfahrt stattfand.
Alle stiegen ins Auto und los ging es nach
Kaiserslautern, das ca. 70 km entfernt ist.
Die erste Station in Kaiserslautern war die Adresse
von Oma Freundin.
Wir stiegen alle aus unseren Autos aus und jeder
wunderte sich wo die zwei Weinleserinnen sind.
Dann kam die Frage: „ Sind sie mit euch
mitgefahren?"...... „ Nein!"
zum Nächsten: " Sind sie mit euch mitgefahren?"

„Nein!" Das gibt es nicht.
Wir hatten sie im Fass vergessen.
Jeder hat geglaubt, der Andere hat sie
mitgenommen.
Wir wollten gerade wieder zum Fass fahren, da
kam ein Taxi.......mit den zwei Damen.
Sie stiegen aus und der erste Satz war " Das ganze
Geld das wir uns bei der Weinlese verdienten,
mußten wir jetzt dem Taxifahrer geben!"
Wir mußten trotzdem alle lachen und wir feierten
die Nachkömmlinge noch bis in die späte Nacht.
Und nun erzähle ich von einer Autofahrt zu einer
Kilbe.
Es war wie immer sehr lustig und ich als Fahrer
trank ca vier 1/4 lt Wein.
Bevor wir wegfuhren , ass ich noch eine scharfe
Burenwurst und im Auto wartete schon eine
Banane und ein Kaugummi
auf mich. Und es kam wie es kommen sollte.
Polizeikontrolle!
Ca. 10 Polizisten filzten die Festbrüder.
Wir wurden angehalten und der Polizist fragte
mich mit forscher Stimme: „ Haben sie etwas
getrunken?"
Ich antwortete mit entschlossenem ......JA!

Der Polizist fragte ungeduldig „ Wieviel ?" Ich
spürte , daß ich schnell antworten muß.
„ein 1/8 !." Sofort kam es mit strenger Stimme
„ Hauchen sie mich an! „ Ich zögerte keine
Sekunde und hauchte ihn an.
„ Ist gut ...weiterfahren!"
Seitdem fuhr ich immer mit mehreren Bananen und
Kaugummis und natürlich mit einer scharfen Wurst
im Auto , von Fest zu Fest.
Den Tip mit der Banane, dem Kaugummi und der
Wurst, den kannte ich noch von den Stammgästen
des Gasthauses, wo ich aufwuchs.
Mit 13 Jahren kaufte mein Freund Siegmund einen
alten englischen PKW.
eine Polizei gab es in unserer Gegend eigentlich
keine und die Wege die wir fuhren, waren ideal
zum Schwarzfahren.
Und das mit 13 Jahren.
Unseren Fuhrpark ergänzten noch zwei Mopeds.
Das eine hiess „ Mecki" das Andere glaube ich
„Sissi".
Weil es verboten war, steigerte sich das Ganze zu
einem besonderen Vergnügen.
Als ich 22 Jahre alt war, konnte ich leider nie die
Autos kaufen, die mir gefielen.
10 bis 12 Jahre alte fast schrottreife Kisten
mußten es sein.
In der schon erwähnten Hippiephase besass mein
Freund einen MG Sportwagen.
Man gewöhnt sich zwar an alles. Auch ein Roll´s
Roys wird irgendwann zur Gewohnheit.
Aber das Fahrgefühl in einem MG und vor allem mit
diesem Team, das war schon was Besonderes.
Ich sehe immer noch die Menschen vor mir, als wir

um 5 Uhr morgens mit unserem MG vor ihnen
stehen blieben und sie
auf den Bus warteten mit dem sie zur Arbeit
fuhren.
Ich stand auf und hielt eine Rede , indem ich sie
aufforderte nicht zur Arbeit zu gehen.
Sie sollten sich nicht ausbeuten lassen und
Widerstand leisten.
Sie standen mit offenem Mund da und ich hatte das
Gefühl, daß sie irgendwie beeindruckt von meiner
Redensgewalt waren….. und plötzlich brausten
wir mit einem sogenannten Kavaliersstart, der
mich fast aus dem Auto schleuderte, davon…ins
nächste Gasthaus, welches schon um
5Uhr aufsperrte.
Peter und ich waren in Feldkirch schon ziemlich
berüchtigt, aber das war uns egal.
Bei einer Fahrt nach Innsbruck…nachts um 1 Uhr…
genau am Arlbergpass entnahmen wir von den zwei
Bierkisten, die wir immer bei uns hatten,
2 Flaschen. Wir stoßten an und machten einen
Schwur.
„ Nie wieder in diese beschissene Gesellschaft
zurückzukehren!"
Nach dieser, für uns sehr bedeutendem
Kulthandlung, fuhren wir weiter nach Innsbruck.
In einer Gegend, wo die sogenannten Besseren
wohnten, parkten wir und der Schlaf übermannte
uns.
Plötzlich klopfte es am Fenster. Es war die Polizei.
Der Polizist ermahnte uns, es sei schon fast 4 Uhr
und wir sollen von hier verschwinden, denn die
ganzen Einwohner hätten
sich über dauerndes Hupen beschwert.

Peter muß direkt mit dem Kopf auf der Hupe
gewesen sein.
Mit unseren Freunden genossen wir dann den Tag
in gebührender Weise.
Am nächste Tag fuhren wir nach München.
Diesmal waren wir zu dritt und bei 200
Stundenkilometern standen wir auf und schrien in
die Welt hinaus:
„ WIR WERDEN SIEGEN!!!

Als ich zur Gewerbeschule nach Innsbruck
mußte,konnte ich in einem Alfa Romeo mit
meinem Onkel und seinem Freund
mitfahren. Mein Onkel war Arzt in Salzburg und
sein Freund Rechtsanwalt.
Es wurde gespottet und gelacht und vor allem über
Frauen wurde gewitzelt und auch wahre
Geschichten über sie erzählt.
Auf einmal drehte sich der Rechtsanwalt zu mir
und sagte:
„Wenn wir des klane Stückerl net hätten, dann
hätten wir ka Probleme"
Zwei Jahre danach war er tot. Er hatte sich
bewußt zu Tode getrunken.
Mein Onkel sagte mir, daß er Probleme mit seiner
Frau und seinen Geliebten gehabt hat.
Ach die Frauen. Einem sensiblen Mann tun sie nicht
immer gut.
Im Bundesheer fuhren wir nach Obertrum zum
Segeln.
Als wir gemütlich mit unseren zwei hübschen
Damen dahinfuhren sah ich vor uns einen
Bekannten mit seinem Peugeot 404.
Wir überholten und gaben ihm ein Zeichen stehen
zu bleiben und fuhren rechts ran.
Wir fragten ihn, ob er mit uns segeln geht. Doch er
sagte uns, daß er zum Fischen fährt.
Wir verabschiedeten uns und wir wünschten ihm
noch „Petri Heil"!.
Einige Zeit später traf ich den Bekannten und ich
sagte zu ihm ob er sich noch an die Begegnung in
Obertrum erinnere,
als er lieber zum Fischen ging, als mit uns zum
Segeln.

Da kam er ganz nah zu mir und beichtete mir, daß
er in Wirklichkeit zu seiner Freundin fuhr und die
Fische bei einem
Freund gekauft hat, bevor er zu seiner Frau nach
hause kam.
Salzburg ist eine wunderschöne Stadt und mein
Onkel lud mich des öfteren zum Essen ein.
Er war ein herzensguter Mensch und wenn er
lachte, mußten alle lachen.
Ich habe in meinem Leben noch nie einen
Menschen getroffen, der einen solchen Humor und
eine solche positive
Ausstrahlung hatte, wie er. Wenn er erschien,
erhellte er die Umgebung durch seine
Art.Vielleicht war es sein Hobby,
der Gesang, der ihn so inspirierte, daß er seine
ganze Art voll zur Geltung bringen konnte. Der
ganz Druck den wir
im Beruf und Privatleben haben, schreit förmlich
nach einem Ventil und wir sehnen uns danach, von
diesem Druck
befreit zu werden.
Apropos Druck.
Als ich zur Handelsschule ging, erledigte ich gerade
die Hausaufgabe und meine Mutter kochte Linsen
im Kelomat(Dampftopf)
Es zischte und ich war derart mit meinen
Schulaufgaben beschäftigt, daß ich das Zischen,
das immer intensiver wurde,
nicht wahrnahm. Meine Mutter mußte beim
Wäsche aufhängen, oder sonst irgendwo gewesen
sein.
Auf jeden Fall kam mir das Zischen bedrohlich vor
und auf einmal gab es einen fürchterlichen Knall

und die ganze Linsenbrühe
war auf der Decke und an den Wänden.
Die Küche sah aus...man mußte das gesehen haben.
Mit Linsen und Brühe tapeziert.
Aber wie schlimm das Ganze ausgehen konnte ,
begriff ich erst , als ich den tiefen Einschlag eines
Eisenstückes im Küchenkasten
sah. Er war in der selben Höhe, wie mein Kopf als
ich die Hausaufgabe machte.

Durch gesellschaftliche Zwänge, durch eingeengtes
Bewusstsein suchen wir alle nach Ventilen.
In Wien konnte ich es ganz krass beim „G´schnas
Fest" in der Secession erleben.
Unter den Tischen sah man Liebespaare nicht
gerade beim Händchenhalten.
Auf der Bühne wurden um Mitternacht die längsten
Penisse prämiert.
Im „BÜCKE DICH" (ein kleines Lokal mit sehr
kleiner Eingangstüre) stiegen die eingefleischten
Kommunisten
und Anarchisten auf die Tische und verkündeten
ihren Kampf gegen die herrschende Elite.
Im „Jazz by Fredy" versammelten sich vom Sandler
bis zum Hochschulstudenten, kurzum alle
Ausgeflippten
Wiens und tobten zu den wildesten Jazz
Rhythmen.
Ich zum Beispiel machte aus Protest meine
Notdurft auf die verkorkste Gesellschaft in einer
Zürcher Telefonzelle.
Wir wollten unseren Frust über das unerfüllte
Leben loswerden.
Wir sehen das Glück im Geld, im Besitz, der Macht,
der Selbstdarstellung, im Rausch der Drogen usw.
Man projeziert Dinge in ein Gebilde, das wir uns
selbst erschaffen haben.
Man badet sich im Egotrip der
Wunschvorstellungen.
Mir kommt zu diesem Thema ein Spruch in den
Sinn:
„Das Negative drängt sich auf…..
Das Positive muß man suchen."
Das im Auslebungsprinzip Erschaffene hinterläßt

Spuren der inneren Leere, die man mit
Scheinbefriedigungen
kaschieren möchte.
Nach einem Jahr Ehe bedurfte es nur einer
Kleinigkeit, daß es krachte und das Faß zum
Überlaufen brachte.
Ich setzte mich ins Auto und fuhr 450 km bis nach
Salzburg.
Mein Freund Walter war das Ziel meiner Flucht vor
der Ehe.

Eine Woche lang konnte ich nicht daran denken,
jemals zurückzukehren.

Ich schickte meiner Frau sogar per Einschreiben
eine lustige Postkarte, die zwei Ehemänner
darstellte

und vor einem Bier in einer Kneipe saßen. Über
den Männern waren allerdings ihre Ehefrauen in
einer Wolke.

Die Eine mit einem Nudelwalker, die Andere mit
einem Teppichklopfer in der Hand.

Zudem schrieb ich noch mit großer Schrift:
„Grüße vom sonnigem Salzburg.............Dein
Gemahl.........(wie gemahlen)"

Der arme Briefträger, der diese Karte persönlich
übergeben mußte.

Mein Freund und seine Frau wirkten auf mich
beruhigend ein und für mich war dieser Ort wie
eine Oase.

Die Maltage, die ich bei diesen zwei oft genoss,
waren für mich eine Befreiung aus den Zwängen
des Alltags.

Die zwei haben sich als freischaffende Künstler
eine Welt geschaffen, die sie in ihrer Entwicklung
zu Persönlichkeiten

machten, die auf jeden positiv wirkte.

Ihre Art versprühte die Freiheit nach der wir
suchen.

In Götzis lernte ich eine Wahrsagerin kennen.
Das" Rösile"

Sie wohnte in einem alten Haus und ihre Wohnung
einen sehenswerten Charakter.

Die Mäuse sprangen in der Wohnung umher.

Die Asche vom Holzofen reichte bis zur Hälfte des
Raumes.

Unzählige Tortenschachteln, die sie von ihren
Gästen bekam, stapelten sich auf einem separaten
Raum,
in den man durch einige Fenster sehen konnte.
Sicher hat sie die Torten nicht fertiggegessen.
Für die Mäuse ein Festmahl.
Nach Urin hat das liebe „ Rosile" auch noch
geduftet, aber irgendwie passte das Ganze zum
Ambiente.
Sie hat uns noch gefragt: „ Möchtet ihr einen
Kaffee ?"
Margit lehnte dankend ab und von mir bekam sie
ein „Ja!".
Dann kam sie mit einer schwarzen Brühe und
fragte mich:" Magscht an Buttr in Kaffee?" (Magst
du eine Butter in den Kaffee?)
Wieder ein „ Ja!". Meine Frau verdrehte die Augen
und ich tat ihr sicher leid, daß ich mich aus
Höflichkeit
geopfert habe. Dann nahm das „ Rosile" die
Karten, mischte sie und es begann die Zeremonie.
Eine interessante Stimmung umgab den Raum ...die
Mäuse...die Asche...das Kartenlegen....irgendwie
geheimnisvoll.
Dann fing sie an die Karten zu deuten.
Nach Jahren dieser Deutungen, war ich verblüfft,
daß all das eingetreten ist, was sie prophezeite.
Was uns damals am meisten interessierte, war, ob
es einen Krieg gibt.
„Rosile" antwortete mit einer mahnenden Stimme.
„ An Kriag git´s koan ab´r a furchtbare
Hungersnot.......aber des durat noch!"
(Einen Krieg gibt es keinen..aber eine furchtbare
Hungersnot!")

Mir fiel bei ihrer Begegnung auf, daß sie immer
fragte:" Häscht an Garta?" (Hast du einen Garten?)
„Rosile" hat mir nach der Sitzung gesagt:
„Mi strengt des Wohrsega a, deshalb mach i des
nümma, ab´r bei eu mach i a Usnahm!"
(Mich strengt das Wahrsagen an,deshalb mache ich
es eigentlich nicht mehr, aber bei euch mache ich
eine Ausnahme!)
Wenn ich die Prophezeiungen vom „ Rosile" auf die
heutige Zeit ummünze, dann könnte das mit der
Hungersnot
sehr realistisch sein.
Die Rücksichtslose Ausbeutung der Welt, die
sensible Wirtschaftsstruktur, die unnatürliche
Tierhaltung , das Währungssystem......ein
Zusammenbruch...
ja dann haben wir die Hungersnot........aber wie!!!
Die Liste der Umweltsünder wird immer länger.
Der Planet wird deswegen nicht größer, aber dafür
die Anzahl der Menschen.
Der Privatarzt vom Kaiser Haile Selassie, war
meine Kundschaft und wir führten immer sehr
interessante Gespräche.
Er war ein Verfechter der fleischlosen Kost, sogar
ein Vorreiter der veganen Ernährung.
Er hielt Vorträge in Frankreich, Amerika usw.
Er erklärte mir folgendes Weltprinzip:
Die Lebensmittelindustrie liefert die Patienten der
Pharmaindustrie.
Die Pharmaindustrie liefert die Chemie für die
Lebensmittelindustrie.
Und das Schlimmste kommt noch.
Der Konsum von all diesen Produkten, lähmt
unsere Gehirnfunktion.

Das wiederum ist die Voraussetzung der
Massenverblödung.
Sind sie einmal verblödet......sind sie leicht lenkbar.
Er behauptete, der Verzehr von tierischen Fetten
beschleunigt diesen Prozess
Sie machen uns krank , träge und vor allem tragen
sie nicht zur Sensibilisierung unseres Bewustseins
bei,
die wiederum wichtig für unsere seelische und
körperliche Fitness ist.
Die Ernährung ist eine Macht, die ich mir selber
jederzeit zubilligen kann.
"Du bist.......was Du isst!"
Dieser Spruch hat Bedeutung.

Es gibt Szenen, die vergisst man nie.
Ich sah in einem Schaufenster in Innsbruck einen
Anzug der Marke Pierre Cardin.
Er kostete 2.800.-öS. (ca.€ 200,00). Ich verdiente
aber als Lehrling im Monat nur 300,00 öS(ca.€
22,00).
Als ich durch die Stadt schlenderte, traf ich einen
Arbeitskollegen.
Wir tranken in einem Gasthaus ein Bier und danach
fragte er mich, ob ich mit ihm ins Puff gehe.
Als weltoffener Jugendlicher konnte ich nicht nein
sagen.
Also gingen wir ins Puff.
Es befand sich in der Nähe des Bahnhofs und hiess
„Maxim".
Wir betraten das ehrwürdige Haus mit
gebührendem Respekt und die Puffmutter erklärte
uns in liebevoller
Weise, welche Damen zu uns am besten passen
würden und führte uns in den hellblau und rosa
gestrichenen
Gängen ins Paradies der Wollust. Meine
Auserwählte war im obersten Stockwerk und das
Zimmer befand sich
am hintersten Ende des Ganges.
Eine Dunkelhaarige, ca. 30-35 jährige empfing
mich.
Natürlich sehr leicht bekleidet.
Sie erklärte mir, was das kostet.
50,00 öS für einen normalen Fick.
100,00 öS für ein längeres Vergnügen.
200,00 öS auf französisch.
250,00 öS das selbe aber noch zusätzlich mit
„ Extragfühl" .

Als ich so dastand und mir die Leier der Preisliste
anhörte, verging mir jede Lust und bei diesen
Preisen
sah ich immer mehr meinen Anzug vor mir.
Der Anzug war es auch schließlich, der mich zum
Abbruch der Verhandlung mit der mir gar nicht
lustvollen Person zwang. „ Ich will nicht!" sagte
ich und was dann geschah, war nicht geplant.
Sie schrie mich an, verfluchte mich und ich floh.
Rannte den langen Gang entlang und sie verfolgte
mich.
Überall öffneten sich die Türen und die Huren
liefen wie Furien hinter mir her.
Die Treppen hinab. Das Riesengekreische der
Weiber und der Puffmutter beherrschten das ganze
Puff.
Ich konnte mich gerade noch ins Freie retten.
Dann fühlte ich mich von einer großen Last befreit
und atmete tief durch.
„ Geschafft !"
Nach ca. einer Viertelstunde kam mein
Arbeitskollege aus dem Puff und sagte zu mir:
„ Nie wieder !"————„ So an Scheiss!!"
Einen Monat später trug ich den Pierre Cardin
Anzug.
Ja. So kleine Episoden können lehrreich sein.

In meiner Wiener Zeit verkündete jeder junge Wiener: „ I will auf´s Land!"
Das Dumme bei mir war....ich kam gerade vom Land.
In der Hippiezeit gab es Bewegungen......
Kommunen, die zum Schrecken der dortigen Dorfbewohnern,
sich dort angesiedelt haben. Es war ja diese Sehnsucht nach Unabhängigkeit und Freiheit wie eine Droge.
Mich fand man oft im Jazzkeller Josefinum in der Währingerstrasse.
Im komplett verrauchten Kellerlokal mit den alten Thonetstühlen, gab dem Ganzen eine Atmosphäre,die das
Zigarettenwutzeln und dem 1/4 Wein zu einer Kulthandlung machte.
Es gab in Wien noch das „ Jazzland" von Fatty Georg , aber meine Finanzen liessen das nicht zu. Beruflich betätigte ich
mich in einem renommierten Fotostudio. Mein Chef war Jude und ich mußte immer seine Gerissenheit bewundern.
Zum Beispiel gefiel mir am Besten , wenn das Finanzamt kam.
Wir mußten dann in Windeseile seine Privaträume in Ateliers mit Stativen, Lampen, Kameras usw.bestücken,
sodass alles wie ein Atelier aussah.
Ich erinnere mich auch an eine nette Kollegin. Die Wiener Szene war ihr vertraut und sie erzählte mir eine
interessante Geschichte. Der Künstler Leherbauer, Stammgast im Szeneprogramm , war bei den Partys

sehr aktiv, aber als Maler unbekannt.
Meine Kollegin und noch ein paar Partygäste
animierten ihn, den zu gewöhnlich klingenden
Namen Leherbauer abzulegen und den
viel interessanteren Namen „ L E H E R B
„zuzulegen.
Die Geburtsstunde des großen Malers Leherb.
Das lebende Kunstwerk wurde dann durch die
weisse Maus, die immer an ihm herumkroch, sein
surreales Blau und seiner
Frau.......Lotte Profos vollendet.
Als Künstler mußt du Akzente setzen, die auf dich
aufmerksam machen.
Hundertwasser wurde berühmt, indem er nackt die
Vernisagerede in München hielt.
Tip für Künstler , die berühmt werden wollen:
„ Du mußt ein Bett vor dem Stephansdom
aufstellen und kunstvoll auf das Bett scheißen, das
natürlich auch ein Kunstwerk ist......
dann wirst du berühmt!"
Oder du landest im Irrenhaus.
Dieses Risiko muß ein Künstler einfach eingehen.
Exzessiv, aber irgendwie für die damalige Zeit, fast
normal.
SEX & DROG´s .
Der Weg zur Freiheit.
Es war die Zeit wo viele Konsumgüter schlichtweg
abgelehnt wurden.
In Wien fand ein zweitägiges Kurzfilmfestival statt.
In einem langen Holzbaracken ähnlichem Gebäude
in der Nähe des Stadtparks.
Ich kann mir nicht vorstellen, daß dieses Gebäude
heute noch steht.
Ca. 800 - 1000 Personen kamen zu diesem Festival.

Eigentlich nur Hippies.
Nur Axel Corti , der Regisseur , stach mit seiner
Größe und mit seinem Anzug hervor.
Die Filme dauerten in der Regel jeweils ca. 15
Minuten.
Das Furchtbarste bei diesem Festival war der
Gestank, das die Besucher verbreiteten.
Alle lehnten die Seife ab.
Die kam ja von der verdammten Konsumindustrie.
Es stank nach verfaultem Fleisch. Nach As.
Und ich mußte das 3 Stunden aushalten.
Die Pause war dann die Erlösung.
Ich bin sicher, daß sich ausser dem Alex Corti und
mir, keiner gewaschen hat.
Das nenne ich konsequent.
Die haben die Konsumverweigerung gelebt.
Meine Tante Mizzi war eine aus gutem Hause
stammende Dame.
Ihr Vater, ein Oberst in der k.u.k.Monarchie , war
ein Erzieher des Thronfolgers Rudolf.
Als junges gut aussehendes Mädchen, lud man sie
oft zu den kaiserlichen Festen ein.
Sie erzählte mir von der Pracht der Festsäle und
von den bunten Uniformen der Offiziere.
Es war ein Leuchten in ihren Augen und irgendwie
sah man, wie sie in dieser Welt versank.
Einen Hauch von dieser Zeit spürte man noch als
ich in Wien war.
Meine Tante besaß eine Abonnementkarte in der
Loge der Staatsoper und im Burgtheater.
Und so kam ich in den Genuss in die Oper und auch
ins Burgtheater zu gehen,
indem sie zu mir sagte : "Do gehst hin" und mir die
Karte gab.

Dort kann man noch ansatzweise diese Sehnsucht
der Menschen nach dieser Zeit spüren.
Sehnsucht nach Freiheit und Unabhängigkeit bei
den Hippies.
Sehnsucht nach Großem und Idealem bei den
Alten.
Das habe ich besonders erlebt, als meine Tante zu
mir sagte:
„Der Otto kommt …..do muast hingehn!"
Ich ging zum Otto von Habsburg.
Aber er kam nicht. Erst 2 1/2 Std.später.
Alle warteten auf ihn…….auch ich.
Und dann kam er.
Alle standen auf und das Ehrfurchtvollste was ich
je gehört habe, kam aus der Kehle von
zweihundert betagten Menschen.
„ D e r   K A I S E R ! „
Es war ein ehrfurchtvolles hauchen…….“Der
Kaiser!"

Man muß es gesehen, gehört , erlebt
haben……..diese Ehrfurcht.
Danach gingen die alten Leute Richtung Bühne zu
ihrem Kaiser und fotografierten mit ihrer Kodak
Instamatik Kamera mit Blitzwürfeln , ihren Kaiser.
Es war beeindruckend.
Obwohl ich kein Monarchist bin oder war.
Mir ist klar geworden, daß wir uns nach einer
Gestalt hingezogen fühlen, die irgendwie schon
fast gottähnlich
verehrt wird. Was geht in uns Menschen vor?
Warum zieht es uns immer zu Kaiser, Könige,
Fürsten , Stars, Helden, sogar zu politischen
Verbrechern
mit Charisma hin? Es ist sicher die Lebensfrage, die
uns zu unserem Ursprung führt.
Ich möchte ein Gemälde von Paul Gauguin
erwähnen, das den Titel trägt:
„ WOHER KOMMEN WIR———— WER SIND WIR————
WOHIN GEHEN WIR ?"
Wir suchen den Weg, der uns das Ziel bewußt
macht.
Und weil wir allesamt bequem sind oder so
erzogen wurden, suchen wir nicht den Weg in uns
selber,
sondern wir suchen denjenigen, der uns den Weg
zeigt.
Ob dieser der Richtige ist, das ist das Problem.
Und dieses Problem macht sich heutzutage in
besonderem Masse bemerkbar.
Jetzt zum Thema Freiheit.
Die Hippiezeit war im Sog der Aufbruchstimmung
nach Freiheit.
Ausgangspunkt für viele Bewegungen, Kommunen

sogar die R A F , entstand in diesem Aufschrei nach
Freiheit.
Althergebrachte Strukturen lehnte man ab oder
man wollte sie mit Gewalt eliminieren.
Die meisten Revolutionen endeten blutig.
Aber die Hippiebewegung brachte etwas Neues.
Die friedliche Revolution.
Gandhi, Martin Luther King, waren sicher
Vorbilder.
Schriftsteller, Sänger , die Vertreter der bildenden
Kunst, sie alle vertraten die friedliche Revolution.
Es prallten zwei Gegensätze aufeinander.
Der Vietnamkrieg und die Hippies.
Dann Kuba …..einParadebeispiel.
Die gewaltsame Befreiung eines korrupten Landes.
CHE …..die Symbolfigur der Befreiung…der
Freiheit.
Die französische Revolution usw.
Alles mit Gewalt.
So entstand auch die R A F.
Das Ziel war die Freiheit…aber mit Gewalt.
Wir waren in Heidelberg.
Die Studenten sympathisierten mit der R A F und
sprachen öffentlich:
„ Jetzt haben sie es DENEN wieder einmal
gegeben!"
„ D E N E N „
Das war die herrschende Machtstruktur, die man
kurzum vernichten wollte.
Ganz Deutschland war in Aufruhr.
Meine Frau und ich tanzten in einer Discothek in
der Nähe von Heidelberg.
Plötzlich stürmten ca. 10 Polizisten im Kampfanzug
direkt auf uns zu und meine Frau und ich klebten

an der Wand. Zum Glück hatten wir die Pässe
dabei und die Einsatzkräfte liessen von uns los.

An diesem Abend stellten wir uns als die schillerndsten Gäste der Disco vor.
Irgendjemand in der Disco hat Verdacht geschöpft.
„Das müssen Terroristen sein!"
Vielleicht waren wir anders als die Anderen.
Das Anderssein war schon immer ein Verdachtsmoment.
Im Mittelalter wurden sie als Hexen verbrannt.
Beim Hitler landeten sie im Konzentrationslager.
Bei den Römern wurden sie den Löwen zum Frass vorgeworfen.
Es gibt etwas in uns, das uns vor dem Anderssein schützen will.
Man wittert Gefahr.
Man will im Gewohnten nicht gestört sein.
Das Gewohnte, das eine Veränderung nicht zuläßt.
Das Volk muß man per Laune halten.
Bei den Römern waren es die Gladiatoren.
Heute haben wir den Sport und das Medienimperium.
Man sucht nicht mehr die geistige Freiheit, sondern die Unterhaltung.
„ it´s not amused!" sagte die Königin.
Wir vertrotteln......weil wir diese innere Sehnsucht nach Freiheit vergraben haben.
Wir suchen die Freiheit.
Aber meistens nur im Auslebungsprinzip.
Wir amüsieren uns zu Tode.
Du lebst nicht mehr.......du wirst gelebt.
Die Manipulation ist noch nie so leicht gelungen, wie heute.
Die Innenwelt versumpft im Überangebot der Informationen.
Wir werden immer Unempfindlicher.

Die Gefühlsarmut steigt und irgendwann sind wir
dann innerlich tot.
Aber warum zahlen wir einen so hohen Preis?
Es ist ja das Wertvollste was wir besitzen
... das   I C H !
Ist es nur die Bequemlichkeit?
Ist es Angst?
Ich glaube es ist die Angst.
Wir haben zu wenig inneres Selbstbewusstsein.
Wir lassen uns viel zu leicht hinters Licht
führen....machen wie ein Hund Männchen,
wenn man uns die Wurst hinhält.
Ein inneres Selbstvertrauen unterhält auch den
kritischen Geist.
Die innere Entscheidungs- und Urteilsfähigkeit sagt
uns ,was gut tut , oder was uns schadet.
Dann wird sich auch die Liebe zum Nächsten
entwickeln können und nicht durch
Vorurteile zerstörender Gedanken, eine natürliche
Begegnung behindern.
Eine funktionierende Gesellschaft erreicht man
nicht durch immer mehr Gesetze,
sondern hauptsächlich durch Begegnungen, die
einen lebendigen Austausch von
Ideen usw. ermöglichen.
Ein Freund hat mit eigenen Mitteln eine Galerie,
eine Bibliothek (ca 30.000 erlesene Bücher)
finanziert. Es finden auch Dichterlesungen statt.
Das sind für mich Menschen, die die Gesellschaft
braucht.
Korruption, Gewalt, Gier ,Macht ,Sucht usw.
verhindern eine freie Gesellschaft.
Da möchte ich einen Geistlichen zitieren.
DAS ENTSCHEIDENDE IST DIE INNERE HALTUNG DER

OFFENHEIT
Ein Schlüsselsatz für das Gelingen einer freien
Gesellschaft.
Und für dieses Leben, lohnt es sich zu kämpfen.
Und nach dem Weg der Evolution wird es in dieser
Richtung auch zu Kämpfen kommen.
Entweder wie Gandhi
oder wie CHE.
Utopie oder Realität?
Die Menschheit wird von der Elite mißbraucht.
Ist die „ MASSENTIERHALTUNG" für Menschen das
Endziel? Das Schlimmste an diesem abstrakten
Schauspiel
ist, dass man es gar nicht merkt, wie man
verblödet und wie die Manipulation funktioniert.
Das schöpferische in jedem Menschen wird durch
falsche Wertvorstellung, falsche Lebensgestaltung,
entwertet. Wir lassen uns zu leicht zu unserem
eigenen Fremden machen.
In einem Lied (wurde verboten) der 70 er Jahre.
„ Du isst eine Wassersuppe und bildest dir ein, da
sind Fettaugen drauf." oder
„Du sitzt im Gefängnis und gibst dem Wärter noch
Trinkgeld"
Jetzt in eine andere Welt....in die Welt eines
siebzehnjährigen Träumers.
Stimmungsbild der Wolken.
In verschiedenem Grau zeigt sich der Himmel.Am
Horizont mischt das Grau mit herrlichem Rosa.
Wolkenfetzen lösen sich. Verformen sich zu
Fratzen, vergehen wieder.
Was sehe ich...ich kann es nicht glauben. Die
Wolkendecke öffnet sich über dem Berg...
und das strahlende Blau der Ferne blickt zur Erde

nieder. Von einem kleinem Spalt bildet sich ein
riesiger blauer Fleck.
Dort.....dann dort.....überall öffnet sich der
Himmel.
Die Wolken bilden sich zu Ballen und schweben den
Bergen zu. Jetzt entsteht
ein riesiger Dunstfleck, der langsam ins Schwarze
übergeht.
Hinter mir ist ein Berg. Ich schau zu ihm hinauf.
Plötzlich kommt von dort ein Wölkchen herauf
geflogen.
Es verändert sich dauernd.Es war nicht fest
gebaut, darum war es nicht lange von Dauer.
Inzwischen hat sich die eine Hälfte des
Himmelsgewölbes wolkenfrei gemacht.
Nur hie und da schweben Wolkenzüge an ihm
vorbei.
Frei bin auch ich von meinen Gedanken.
Nur ab und zu dringt ein belebender Gedanke in
mich ein.
Es ist wie bei uns in den Bergen. Dringen wir
immer höher hinauf, so weitet sich der Horizont.
Und ist sonnig strahlendes Wetter, so können wir
immer weiter schauen.
Steigen wir herab, da verengt sich der Horizont.
Und der Horizont ist dann am Kleinsten, wenn wir
im Zimmer sind.
Als Kleinkind muss ich eine besondere Gabe für
abstrakte Träume gehabt haben.
Eines dieser seltsamen Träume war so abstrakt,
dass es unmöglich ist, diesen Traum so
zu schildern,wie er sich dargeboten hat.
Ich war ein Punkt....mehr nicht.
Im unendlichen Raum.

Dieses Unterbewusstsein im unendlichen Raum, das könnte ein Horrortrip im LSD Rausch darstellen.

Zeit gab es nicht.

Dann sah ich einen Himmelskörper, der unendlich groß war.

Bevor es zum Kontakt zu dem großen Himmelskörper kam, geschah etwas Sonderbares.

Es war das Eintreten in eine andere Dimension.

Was geschieht alles in unserem Unterbewusstsein ?

Ist es die Urangst, die uns die Psychologen bestätigen...... eine unbekannte Erlebniswelt?

Erleben wir dort unsere archaische Entwicklung, bevor wir überhaupt unsere Erde bevölkerten?

Gibt es ein davor?

Gibt es ein danach?

Ich praktiziere TAI CHI und da gibt es einen wesentlichen Grundsatz!

Es gibt nur das „ HIER und JETZT"

Obwohl wir alle Weltraumfahrer sind, ist diese Erde unsere Heimat.

Unsere Verbindung zum Tatsächlichem.

Und hier beginnt das Leben mit all unseren Erlebnissen, die uns zum Lachen, Weinen, Staunen usw. bringen.

Mein Urgroßvater war ein zwei Meter Riese.

Ein Bayer und er unterrichtete als Lehrer in einer kleinen bayrischen Gemeinde.

Was macht ein richtiger Bayer am Abend?

Er geht ins Wirtshaus. So geschah es auch damals zur Zeit Ludwigs des II.

Beim nächtlichen Heimgang mit dem Dorfpfarrer kam es zum Streit.

Der Pfarrer warf meinem Urgroßvater vor, daß er zu wenig in die Kirche geht.

Das war zu viel. Mein Urgroßvater packte den
Pfarrer und da sie gerade über über eine Brücke
der Isar gingen, brüllte er den Pfarrer an.
„Nimmscht des z´ruck ..oder i hau di owe!"
Der Pfarrer winselte:" I nimms z´ruck!"
Am nächsten Tag zeigte er meinen Urgroßvater an.
Die Folgen waren für mich lebenswichtig.
Er wurde strafversetzt.
Und zwar in die entsetzlichste Gegend eines
Urbayern. Ins Schwäbisch-bayrische.
Dort lernte er meine Urgroßmutter kennen, die
auch Lehrerin war und meine Großmutter
wurde geboren." So bin i do „...a halber Bayer.
Als Kind sind die Erlebnisse mit den Großeltern
besonders stark.
Man spürt die Liebe viel intensiver.
Wenn die Oma zu Besuch kam, war es für mich wie
ein Sonnenstrahl.
Die Tage, die ich bei meiner Oma in Hard
verbrachte haben sich tief eingeprägt.
Sie hatte einen kleinen Garten, Enten und sie lebte
ein einfaches Leben,obwohl sie
vor dem Krieg eine Unternehmersgattin war, wo
der Luxus nicht fehlte.
Meine Mutter wuchs in diesen Verhältnissen auf
und wen lernte sie kennen?
Einen Lehrer.
Aber das schöne bei den Lehrern ist?
Zumindest bei den Meisten.
Sie haben Prinzipien und leben in ihrer eigenen
Welt.

Mein Vater lebte in einer philosophischen Welt.
Ohne Sinn fürs Geld und materiellem Besitz.
Ein Teil der Verwandtschaft lehnte ihn ab, weil er
kein Akademiker war.
Gerne hätte er Geschichte und Deutsch studiert,
aber in der Familie meines Vaters mußten
beide Söhne bei meinem Großvater, der
Schuldirektor war, unterrichten. Der Bessere
mußte
Lehrer werden. Es war mein Vater. Das Geld für
ein Studium reichte nur für einen.
Und der mußte Pfarrer werden, aber dieses
Vorhaben mißglückte.
Er brach nach 8 Monaten aus dem Institut aus.
Er studierte Medizin und wurde Arzt.
Die Schwester der zwei Herren mußte brav zu
hause bleiben.
Stricken, Nähen und Kochen brachte man ihr bei
und hoffte, daß irgendwann ein „G`schudierter"
sie heiratet.
Diese Vorhaben misslang, denn sie verliebte sich
ausgerechnet in einen „Postler".
Er wurde von meinen Großeltern entschieden
abgelehnt.
Das Problem löste der Krieg. Er fiel in Russland.
Heimlich besuchte meine Tante mit 24 Jahren die
Handelsschule und arbeitete bis zur Pensionierung
als Sekretärin bei einem Notar. Sie hat nie
geheiratet.
Als sie starb entdeckte ich ein Foto das sie immer
bei sich hatte.
Auf einer Bank sassen sie und der Postbeamte.
Der Einfluss der Eltern. Die gesellschaftliche
Stellung beeinflußten enorm die Berufswahl, die

Partnerwahl.

Es war wichtig, in der Öffentlichkeit den Schein zu wahren, dass alles den „ grada Gang „ hat. (den geraden Weg)

„Ma tuat wie Lüt toand" (Man macht das, was die Leute machen)

In der Öffentlichkeit muß alles funktionieren.

Mein verstorbener Freund Siegi hatte einen Leitspruch:

Was seht d´r Landtag? (was sagt der Landtag?)......" Zämmaheba" (zusammenhalten)

Diese Gesamthaltung hat zum Beispiel der „Mörder von Schlins" zu spüren bekommen.

Während eines Dorffestes im Jahr 1954 wurde ein 6 jähriger Bub in einer Hütte vergewaltigt und umgebracht.

Zuletzt hatte man eine schwarze Frau mit dem Kind gesehen.

Der Mörder war als schwarze Frau verkleidet.

Wir Kinder hatten danach eine panische Angst, wenn wir eine schwarze Frau sahen.

Mein Bruder machte mir Angst, indem er von einer „ schwarzen Hand" sprach.

Oft mußte ich in der Nacht auf dem Dachboden einen Korb voll Holz holen.

Ich ging mit einer Taschenlampe durch das Tenn und dann über eine Stiege zum Dachboden.

Doch bevor die Stiege kam, mußte ich an einer Mauer vorbei und in meiner Angst sah ich die „Schwarze Hand",die nach mir griff, aus der Mauer herauskommen.

Es war grauenvoll. Die schwarze Hand , die schwarze Frau. ...unheimlich ...angsteinflößend... furchterregend.

Es gab in Schlins einen Landesbeamten, der des öfteren in Frauenkleidern gesehen wurde.

Zwei Tage nach dem Mord hat man ihn erhängt in Tirol gefunden.

Aber man brauchte einen Mörder.

Und so wurde bald ein Sündenbock gefunden und ein Stallknecht zu lebenslangem Gefängnis verurteilt.

Eine Frau aus Schlins besuchte den" Mörder" nach der Haftentlassung.(nach ca.25 Jahren).

Sie hatte ein langes Gespräch mit ihm und am Schluß fragte sie ihn: „ Warst du der Mörder?"

Er antwortete mit „ NEIN". Sie hat ihm geglaubt.

Man brauchte einen Mörder, egal ob ein Unschuldiger verurteilt wurde.

Zur Abwechslung eine lustige Geschichte aus der Jugendzeit.

Die Hauptstrasse von Frastanz nach Feldkirch war in der Nähe.

Radfahrer, Fußgänger, Motorrad — und Autofahrer waren auf dieser Strasse unterwegs.

Für uns ein Grund, unsere gemeinen Scherze auszuprobieren.

Das Brieftaschenlegen.

Die Brieftasche wurde mit einem dünnen Faden verbunden und wir warteten hinter der Böschung, bis das Opfer anbiss.

Es dauerte nicht lange und eine Radfahrer sah die Brieftasche.

Er ging zurück, blickte um sich und in dem Augenblick wo er nach der Brieftasche griff.......

„schwupps"......wir zogen die Brieftasche weg.

Die größte Freude hatten wir, wenn das Opfer richtig erschrak.

Auch beleuchtete Kürbisse stellten wir nachts auf die Fahrbahn.

Dem Kürbis gaben wir ein furchterregendes Gesicht.

Gemein fanden wir, wenn der Autofahrer unser Kunstwerk überfuhr.

Übrig geblieben war dann nur noch ein „Riesen—Gatsch".

Man kann sich vorstellen, daß diese und auch andere Spässe schon im Mittelalter gepflegt wurden.

Das gesellige und auch grausame Mittelalter mit all den Gauklern, Musikern, Artisten und Handwerkern hat wieder eine Renaissance
bei den Mittelaltermärkten.

Die Sehnsucht nach urigem, unbeschwerten Leben taucht wieder auf.

Als ich 18 Jahre alt war, kam am Sylvester Abend mein Freund mit seinem Moped zu mir und suchten in Feldkirch ein Lokal, in dem wir den Sylvesterabend verbringen.

Nirgendwo war was los. So fuhren wir nach Tosters ins Geiger.

Dort stand aber: „ Geschlossene Gesellschaft!"

Die Wirtin sah unsere enttäuschten Gesichter und sagte zu uns: „ kommt´s!

Sie war scho „ a kommote". (eine Dame mit der man gut auskommt)

Wir mischten uns in die geschlossene Gesellschaft.

Wir assen, tranken sangen und tanzten und mußten nichts bezahlen.

Es war einer der lustigsten Sylvester, die ich jemals erlebt habe.

Dann stand der Gastgeber auf (ein deutscher

Unternehmer) und hielt eine Festrede.

Neben dem sehr dominanten, etwas korpulenten Herrn, saß eine hübsche Blondine, die sicher nicht seine Frau war.

Was mir bis heute noch in den Ohren liegt ist der Satz: „ und wenn alle Konkurrenten mit dem „Goggomobil" vorlieb nehmen müssen.... ich werde nach wie vor mit meinem Mercedes fahren."

Zwei Jahre später, so habe ich das erfahren, war er pleite.

Es wurde bis ca. 8 Uhr früh gefeiert und wir hatten einen wunderbaren Jahresbeginn..

Man erlebt so manches im Zusammenhang mit Lokalen.

Mit meinem Kollegen fuhr ich zur Photokina nach Köln.(1978)

Am Abend bestellten wir uns ein Taxi und gaben dem Taxifahrer den Auftrag, uns in ein nettes Lokal zu fahren.

Das Lokal wurde rasch gefunden.

Als wir ausstiegen , packten uns vier dunkel gekleidete Gestalten an den Oberarmen und zerrten uns mit Gewalt ins Lokal. Zwei Damen führten uns an die Bar.

Eine für meinen Kollegen und eine für mich.

Es war klar......wir landeten in einem SEX – Schuppen.

Die Getränke für die Damen wurden sofort kassiert.

150,-- DM für jedes Getränk der Damen und 2,-- DM für unser Bier.

200 DM hatte ich dabei und so geschah es, daß ich gleich pleite war.

"Endlich kommen die Fotografen nach Köln, denn vorher war die Modemesse....alles Schwule!"
Sicher hatten sie mit finanziell potenteren Besuchern gerechnet.
Eine Lehre zog ich aus diesem Schlamassel.
In einer Grossstadt ....Vorsicht bei den Taxifahrern!
Es ist ein einfaches System...der Fahrer bekommt vom Lokalbesitzer eine Prämie und
der Boss ......mit Gewalt .....zum Geld.
Die Deutschen sind ja für ihre Fairness bekannt , aber eine solche Spezies habe ich noch nie kennengelernt.
Aber es gibt auch lustige Gesellen.
Besonders die Rheinländer, eigentlich alle Bewohner wo der Wein wächst, haben was drauf.
Wein muß dem Gemüt besonders gut tun.
Auch das Bier scheint dieselbe Wirkung zu haben.
Es war in Wintrich an der Mosel.
Es wurde ein Gipfelkreuz eingeweiht und die ganze Dorfgemeinschaft war eingeladen.
Der Pilgertross inclusive Weinfass strebte in Richtung Gipfel.
Jeder mußte für sein Glas DM 5,--bezahlen und das Weinfass erfüllte seinen Zweck.
Das Schlimmste war nur, daß das Fass in der Hälfte der Strecke schon leer war.
Es blieb nichts anderes übrig.........ein neues Fass muß her.
Geduldig wartete die fromme Gemeinschaft auf das neue Fass.
Als es da war, setzte sich der Pilgerzug in Bewegung.
Glas um Glas floss aus dem Fass und es wurde

immer lustiger.

Am Gipfelkreuz angekommen, waren alle, samt dem Pfarrer , in bester Laune.

Man sang alle möglichen Lieder und so wurde die Kreuzeinweihung in allen Ehren vollbracht.

Auf einem Schiff am Rhein genossen wir die schöne Landschaft und das Wetter
gab mit seinem blauem Himmel der Stimmung eine entspannte Atmosphäre.

Da kam ein Motorboot auf uns zu.

Der Eine am Steuer, der Andere lehnte sich in angeberischer Position an die
Innenwand des Bootes.

Er rauchte genüsslich seine Zigarette und zeigte seinen braungebrannten Körper und
lächelte den Frauen zu.

Er reckte seinen Körper noch mehr hin und her, daß man seinen Luxuskörper
und seine Hand , die elegant die Zigarette schwang, noch eindrucksvoller sehen konnte.

Dann drehte sein Freund das Boot etwas nach links, dann nach rechts und dieser
Angeber mit toller Sonnenbrille wusste bald gar nicht mehr, wie er seinen Körper
recken und strecken sollte.

Dann heulte der Motor des Bootes auf und brauste davon.

Eine leichte Linkskurve ……....und dann passierte es.

Eine Welle katapultierte den Angeber wie eine Rakete über Bord.

Zuerst lachten alle auf unserem Schiff, bis uns klar wurde, daß der Typ gar nicht
schwimmen konnte.

Mit den Armen nach oben machte er
Schwimmbewegungen, die aber über dem Wasser.
Erst später bemerkte sein Kollege, daß sein
Kumpan nicht mehr im Boot war und führ sofort
zurück.
Wie durch ein Wunder ,schaffte es der Angeber,
sich über Wasser zu halten.

Sie sind an uns vorbeigefahren. Ohne Zigarette und ohne Sonnenbrille, die irgendwo im Rhein auf Grund liegt und wir applaudierten.

Als wir mit dem Schiff von Brindisi nach Patras fuhren, hatten wir keine Kabine und schliefen an Deck. Aber bis wir schliefen

war ein „ Ramba Zamba „ auf Deck. Amüsant.

Alles andere als langweilig. Die jungen Leute machten Spass, sangen und zeigten ihre Talente.

Einer von ihnen sprang immer auf das Schiffsgeländer und tanzte, besser gesagt er balancierte auf diesem. Ihm zuzuschauen war furchtbar, denn ,wenn er ins Meer stürzt....

er hat keine Chance. Es ging aber alles gut...aber er hat sicher die ganze Aufmerksamkeit auf sich gelenkt.

Mit Schiff, Bus und Bahn einen Monat lang unbekümmert durch Griechenland und Italien zu reisen,

war für die Buben und mich , eines der schönsten Urlaubserlebnisse.

Was mich an Griechenland so faszinierte, waren die wunderbaren Strände.

Nicht die langweiligen italienischen Touristenstrände.

Die schönsten gab es in Zakinthos.

In den antiken Stätten spürte man noch das altgriechische, schöngeistige Leben.

Als ob unsichtbare Wesen diese Gegend noch beherbergten und schützend ihre Hand auf ihr Land ausbreiteten.

Meinen Söhnen gefiel aber was Anderes.

Von den Fischern in Naoussa , bekamen sie drei junge Haie geschenkt.

Voller Stolz brachten sie mir die Prachtexemplare.
Wir kauften uns einen Behälter und nichts wie rein
mit unseren Schätzen.
Ich kam nicht auf die Idee ,die Haie mit Salz zu
konservieren, sondern holte Eis, das es immer an
den Häfen gab.
Der 10 Liter Behälter begleitete uns von jetzt an
auf unserer Reise.
Athen, Patras.....immer mußten wir, teilweise
sogar mit dem Taxi, Eis organisieren.
Bei der Retourfahrt in Brindisi, Pompey und Rom.
Der Kübel war überall dabei, bis wir in Feldkirch
ankamen.
Das Eis im Kübel, der übrigens verschließbar war,
schmolz schon längst und voller Stolz zeigten
meine Söhne
den Nachbarsbuben die drei Haie, die schon
erbärmlich stanken.
Wie es Kinder haben, die Haie lagen dann irgendwo
auf der Wiese und irgendwann mit noch mehr
Gestank in unserem
Tiefkühlschrank. Meine Frau war entsetzt und
schmiss sie in den Müll.
Irgendwie landeten sie wieder im Tiefkühlschrank,
bis es meiner Frau reichte.
Nach langem Flehen meiner Söhne, gab sie nach
und am nächsten Tag fuhren wir mit den drei
gefrorenen Haien in die Schweiz.
Nach Berneck zum Cousin der Burschen, der gleich
alt war.
Die drei Haie waren die Sensation der Kinder der
Nachbarschaft und jeder wollte die Haie, die schon
entsetzlich stanken,
anfassen. Am Schluß lagen die drei Haie

unbeachtet neben einem Bach und die Schweizer trauten ihren Augen nicht,
als sie die Haie entdeckten.
Es war, so hat man mir gesagt ‚ein Bericht in der Lokalpresse, über diese Entdeckung." Haie in der Schweiz"
Im Jahr 1996 flogen wir nach Istanbul. Wir wurden dort von Freunden herzlich empfangen.
Die Türken sind ein gastfreundliches Volk und wir lernten die Stadt ‚dank unserer Freunde ‚bestens kennen.
Eine wunderbare Stadt, die sich auszeichnet ein Bindeglied vom Orient und Europa zu sein.
Und so haben wir Topkapi, Hagia Sofia , die Blaue Mosche, den Bazar, die zahlreichen Fischerlokale angeschaut und festgestellt,
daß diese orientalische, byzantinische Vergangenheit einen kulturellen Erlebnishunger auslöst.
Wir stillten diesen Hunger in unserem bescheidenem Masse.
Zu viel gebe es da noch zu entdecken.
Man tröstet sich mit dem Gedanken, daß man ja wieder kommen kann.
Die Heimreise begann aber nicht mit dem Flugzeug ‚sondern mit dem Auto.
Wir fuhren über Bulgarien auf Strassen, die solche Schlaglöcher hatten, daß man glaubte, die Achsen reisst es jeden Moment
vom Fahrgestell. Dann gab es wieder ein Strassenabschnitt, der mindestens 30 cm überflutet war.
Es war daneben ein trockenen Weg, der aber mit einer Verbotstafel versehen war.

Am Schluss der überschwemmten Strasse warteten
schon die Polizisten zum Abkassieren.
Eine Falle! Wir fuhren nämlich durch den
überschwemmten Teil und die Polizisten staunten.
Da gab es nichts zum Kassieren.
Anders in Rumänien. Zwar waren die Strassen
etwas besser, aber mitten auf einer
autobahnähnlichen Strecke war und das
ohne Warnschilder, ein riesiges Loch. (ca 1,5 x 2
Meter)
Die Achsen wären mit Sicherheit weggerissen
worden und wir wären schwer verletzt oder tot.
In einer Stadt, bevor man zum Roten Turm Pass
hinauffährt, warteten schon die Polizisten auf ihr
Opfer.
Sie deuteten uns, stehen zu bleiben.
Als wir stehenblieben, gaben sie uns ein Zeichen,
daß wir weiterfahren sollen.
Das taten wir auch. Nachdem wir die Stadt hinter
uns liessen, überholte uns ein Polizeijeep und
stoppte uns.
Sie gestikulierten wild um sich und wollten uns so
ein schlechtes Gewissen einreden.
Sie verlangten meinen Führerschein. Dann sagte er
uns auf „Rumänendeutsch"
„Hast Du einen guten Charakter, gibst Du uns 200
DM"
Diesen Satz mußte er schon oft gesagt haben, denn
ich bin überzeugt, daß der Satz das Einzige war,
das dieses Arschloch
auf Deutsch sagen konnte.
Hinter ihm stand der Andere mit der MP in der
Hand.
Er zeigte uns immer, daß er den Führerschein

zerreissen will, falls wir seinem Wunsch nicht
nachkommen.
Zuerst versuchten wir es mit zwei Stangen
Zigaretten. Nein!
Am Schluß hatten wir keinen so guten Charakter
und handelten auf 50 DM herunter.Wir konnten
weiterfahren
und sahen noch, wie diese Verbrecher ihre
Nummertafel mit einem Karton und Spagat
überdeckt hatten , auf
der eine Phantasienummer war.
Diese Fahrt entwickelte sich zur Höllenfahrt. Ich
übergab mein Lenkrad unserem Freund.
Doch plötzlich begann ein Streit. Er fuhr und seine
Lebensgefährtin wurde handgreiflich.
Er gab nicht nach und er schlug während der Fahrt
auf sie ein.
Sie konterte und dann passierte es,
Er verlor die Kontrolle über das Fahrzeug und kam
auf die Gegenfahrbahn.
In einer ansteigenden langgezogenen Rechtskurve
kam vor uns direkt ein LKW entgegen.
Es geschah alles wie in Zeitlupe. Ich sass zwar
hinten, aber ich konnte sehen ,wie der LKW Fahrer
mit
Entsetzen die Augen und den Mund aufriss und wir
wie durch ein Wunder durch eine Unebenheit,
oder einer unerklärlichen Erhöhung der Strasse,
auf die rechte Fahrbahnseite geschleudert wurden.
Unfassbares Glück.
Aber dann kam es noch schlimmer. Der Streit
zwischen den beiden eskalierte.
Die LKW´s rasten an uns vorbei und am Höhepunkt
der Auseinandersetzung war, dass er in einen LKW

rasen wollte. Wir schrien „ Lass uns am leben ———
wir haben doch Kinder!!"
Diese Szenarium dauerte noch mindestens eine
Stunde.
Ein Hitchcock in Rumänien.
Irgendwann beruhigten sich die zwei und wir
beschlossen in einem Cafe das gerade geöffnet
hatte,
zu frühstücken. Die Frauen mußten auf das WC.
Meine Frau ging dorthin.
Sie stürmte entsetzt aus dem Klo und sagte!:
Die ganze Scheisse ist auf mich zugeschwommen!"
Wir verzichteten auf das Frühstück und die Damen
verrichteten ihre Notdurft im Wald.
An der Grenze angekommen, erwartete uns eine 5
bis 7 km lange Kolonne.
Es war ca. 11 Uhr morgens.
Ein Zöllner ging mit der Aktentasche die
Autoschlange entlang und derjenige, der zahlte,
durfte zur Grenze.
Ich habe einen Schwur geleistet, nie wieder in
dieses beschissene Land zu reisen.
Wir zahlten aus Prinzip nichts und kamen deshalb
erst gegen 18 Uhr zum Grenzposten.
Dort mußte man, wie kann man es anders
erwarten, doch noch DM 20,00 bezahlen.
Sonst hätten uns diese Schweine den Pass nicht
ausgehändigt.
In Ungarn fühlten wir uns als ob wir in Freiheit
wären.

Was ist Freiheit?

Es gibt Freiheitsdekrete.
Eine Freiheitsstatue.
„Freiheit——Gleichheit——Brüderlichkeit"
Freiheit in allen Formen und Sprüchen.
Ich erinnere mich an eine Fahrt in einem mit
Blumen bemalten Citroen 2 CV. (der Name des 2
CV` war Gumpi)
Die Bekannten gumpten im Auto und sangen:
„ Jesus liebt den Gumpi....Halleluja!"
Der 2 CV gumpte durch die Gegend und sie sangen
immer dieses Lied. „ Jesus liebt den
Gumpi....Halleluja!"
Auch eine Art Freiheit auszudrücken.
Die Leute die das beobachteten und vor allem
hörten, schüttelten nur noch mit dem Kopf.
Aber sie waren frei und glücklich.
Oder du stehst am Gipfelkreuz und bist überwältigt
von der Weite der Landschaft und fühlst dich frei.
(ein chinesischer Kaiser wollte von einem Weisen
erfahren,was das Wichtigste im Leben ist.
Der Weise antwortete : DIE WEITE .)
Du gibst deiner Freude noch Ausdruck indem du in
die Welt hinausjuchst oder jodelst.
Freiheit ist ein Zustand, der im Augenblick
stattfindet.
Es ist der Atem der Seele.

Damit schliesse ich meine Autobiographie.
Im Anhang noch ein Aufsatz: „Die Stärke des
Künstlers" / ein paar Aphorismen / ein Märchen /
zwei abstrakte Kurzgeschichten.

Die Stärke des Künstlers

Mein Spruch als 23 jähriger: „ Der Mensch ohne Mut
zum Wahnsinn, läuft Gefahr in der Normalität zu
ersticken „
Der Satz beinhaltet die Vorahnung eines
Jugendlichen der zunehmenden Verflachung der
menschlichen Existenz.
Die Kunst ist der Verbindungsweg zur Seele.
Aufreissen was verschlossen.....sich in die Tiefe des
Unergründlichen fallen zu lassen und dabei die
Sinne im Sehnen
nach Erkenntnis zu baden.
Die Sehnsucht nach „ Stärke"...nach Harmonie und
nach Liebe im innersten Kern des ICH`s, wird
durch Kontrolle und Überwachung
durch Lenkung der Sehnsucht ...durch Ablenkung in
den Konsumrausch, Reizüberflutung usw. ins
Bedeutungslose abgeleitet.
Die Angst vor dem Irrsinn...(auch Drogen und
Alkoholsucht), dem leider manche Künstler zum
Opfer fielen......
Aus Angst vor dem Neuen hat die bequeme breite
Masse die Dogmen, Ideologien usw. bereitwillig
aufgesaugt.
Dadurch wurden die inneren Sehnsüchte durch eine
falsche Zielorientierung (Zielvorstellung)
fehlgeleitet.
Das System der Ausbeutung des Menschen...der fast

wie ein Kind formbar ist. (Spruch:"Wir halten sie arm..ihr haltet sie dumm"),
wird von den Medien, Ideologien, Politikern weidlich ausgeschlachtet.
Kontrolle verlangt Sichtbarkeit....verlangt nicht die Kontrolle durch den Staat,sondern durch die innere Sichtung eines
jeden bewußten Menschen.
Durch die Unmündigkeit,in die wir in den letzten Jahrtausenden durch die Bevormundung der Machthaber geraten sind,
kann man die innere Sichtung eher mit dem Fischen im trüben Wasser vergleichen.
Der Künstler, der durch sensiblere Sichtung in dieser trüben Suppe der Empfindungen der Seele....die klaren
Umrisse bewußt machen will, ist für die ausgehungerte Seele wie eine Oase in der Wüste.
Im Grunde ist der Künstler ein Seelenarzt....weil er die kranken Wurzeln der verpfuschten Seele erkennt und die
Krankheit sichtbar macht.
Der Künstler ist nicht nur der, der aufreisst... aufdeckt...nein...er ist auch der.....der heilt.
In Wahrheit ist der Mensch nackt und hilflos. Vergleichbar mit den vielen Opfern der Regimes.
Die Herrschenden, kurzum alle die, die sich bereitwillig hinter das System der gezielten Manipulation eingliedern, um
mit Machtbesessenheit, die sich nach Freiheit sehnende Seele zu knebeln.
Ich sehe das als das wahre VERBRECHEN AN DER MENSCHHEIT.
Nämlich dem Verbrechen, daß das Abwürgen der

Fähigkeiten, das absichtliche Verkümmern der Begabungen, fördert.
Jedoch durch einseitiges trimmen des Gehirns ,die Deformierung zum Roboter, man kann durchaus sagen,
zum Gehirnidioten ,unterstützt.
Der innerste Wunsch nach Frieden und Harmonie und Liebe wird durch Kontrolle ersetzt.
Die Macht kann sich nur durch Kontrolle festigen.
Der Künstler hingegen hinterfragt...nimmt nicht hin, was im geboten wird.
Die Bewußtwerdung unseres Daseins ist gekoppelt mit Hinterfragung....Durchleuchtung des Dargebotenen.
Zum Schluss möchte ich J.Beuys sinngemäß zitieren:
„ In jedem Menschen steckt ein Künstler"
Letztendlich:
KUNST HEISST ————DAS WESENTLICHE SICHTBAR ZU MACHEN !!!

Gedicht:

(Geschrieben mit 23 Jahren)

Ich bin glücklich

Ich bin glücklich!
Ich bin ja so glücklich!
Ich habe alles!
Wahrlich alles!
Ich bin ja so glücklich!
Ich habe —— ich habe
Ich habe Freunde!
Ich habe ein Auto!
Ich habe einen Plattenspieler!
Ich habe ein Haus!
Ich habe Geld!
Ich habe zu Essen und zu Trinken!
Ich habe einen schönen Körper!
Ich —— ich habe
Ich habe
Ich bin glücklich!
Ach, ich bin ja so glücklich !
Ich zerspringe fast vor Glück!
Ich habe —— ich habe
Ich habe einen Arzt!
Ich habe einen Psychiater!
Ich habe alles!
Ich bin ja so glücklich!
Ich will mehr!
Ich will Macht!
Ich habe alles!
Ich bin glücklich!
Ich will mehr!

Ich will nicht sterben!
Ich komme in den Himmel!
Ich habe alles!
Ich habe eine Kirche!
Ich habe einen Papst!
Ich bin glücklich!
Ich habe einen Gott!
Ich habe alles!
Ich ich ich ich ich —— habe ——habe ———

Man begrub ihn
Er hatte einfach alles.

Ein Märchen

Es war einmal ein sehr einsames Mädchen.
Es wohnte in einer Stadt in der sehr viele
Menschen waren ......aber keiner beachtete sie.
Was sie traurig stimmte war......, daß niemand mit
ihr sprach......daß aber auch niemand da war, der
sie verstand.
In ihrem Haus war niemand ....außer einer Maus.
Sie hatte zwar Angst vor Mäusen......aber ihre
Einsamkeit führte sie in Versuchung , mit diesem
Geschöpf Freundschaft zu schließen.
Zuerst lief die Maus ganz verstohlen an Ihr vorbei...
schaute ihr zu...und husch.....war sie in ihrem Loch
verschwunden.
Das Mädchen fühlte, daß die Maus Angst hatte und
wendete alle Kunststücke an, um diese liebe kleine
Maus zutraulich zu machen.
Doch das Mädchen wußte nicht, daß mit Speck und
Käse eine Maus leicht zu fangen ist.
Aber sie wollte sie ja nicht fangen, sondern ihre
Freundschaft.
Und sie überlegte wie sie ihre Freundschaft
gewinnen konnte.
Lange dachte sie nach.
Da kam ihr plötzlich eine Idee....ich spreche mit
ihr.
Vielleicht versteht sie mich.
Sie wartete schon ganz gespannt auf die
Maus....und da kann sie aus dem Loch......und das
Mädchen sprach zu ihr.
Die Maus hörte ihre sanfte Stimme und horchte
auf....und fühlte, daß ihr keine Gefahr droht und
blieb im Raum.

Von nun an entwickelte sich eine Freundschaft
zwischen dem Mädchen und der Maus.
Sie war glücklich, daß sie jemand hatte.
Sie redete oft mit der kleinen Maus, die mit ihren
lieblichen kleinen Augen sie vertrauensvoll
anblickte..und ihr geduldig zuhörte.
Das Mädchen offenbarte der kleinen Maus ihre
heimlichsten Wünsche und Sehnsüchte und war
dabei überglücklich.
Doch nach längerer Zeit überfiel sie eine tiefe
Trauer.
Durch die Gespräche mit der Maus wurden ihre
innersten Wünsche wach.
Und der Drang in ihr, daß diese Wünsche wahr
werden, wurde so groß, daß sie schweren Herzens
ihre so lieb gewonnene
Maus verließ und Haus und Stadt hinter sich ließ,
um das Land zu suchen, wo man sie versteht und
ihre Sehnsucht stillt.

Abstraktes Stück (mit 23 Jahren geschrieben)

Nr. 1732

Nr.1732 15 Jahre
Nr. 1732 am 3.o4.1965 geb. Ort der Geburt:
Frastanz
Nr. 1732 Religion: röm.kath,
Nr. 1732 Gymnasiast
Nr. 1732 Größe: 163 cm
Nr. 1732 Farbe der Augen: blau
Nr. 1732 Farbe der Haare: blond
Nr. 1732 Gesichtsform: oval
Nr. 1732 Besondere Kennzeichen: keine
Nr. 1732 schläft
Nr. 1732 träumt
Nr. 1732 wacht auf.
Nr. 1732 steht auf, wäscht sich, putzt sich die
Zähne, zieht sich an.
Nr. 1732 isst.......Semmel,Butter, Marmelade,Kakau
Nr. 1732 Isst nicht viel
Der Magen...... Marmeladebutterkakausemmelmus.
Nr. 1732 erbricht.
        kotzt
        speit
        Marmeladebutterkakausemmelmus
Nr.1732. geht zur Schule
Er trägt seine Tasche.
Eine Schultasche.
Er fährt mit der Strassenbahn.
Steigt ein ...steigt aus.
Steig wieder ein...hält sich am Seil...weicht aus...
macht Platz...steigt aus.
Er geht zur Schule.

Er sitzt in der Klasse.
Wartet.
Wartet auf den Lehrer.
Alle Schüler sitzen in der Klasse.
Der Lehrer kommt.
Die Schüler stehen auf.
Die Schüler sprechen im Chor: „ Guten Morgen
Herr Lehrer!"
Der Lehrer spricht: „ Setzen!"
Die Schüler setzen sich.
Der Lehrer schreit: „ aufstehen!"
Alle Schüler stehen auf.
Der Lehrer schreit: „ setzen!"
Die Schüler setzen sich.
Der Lehrer schreit: „aufstehen!"
Die Schüler stehen auf.
Der Lehrer schreit: „setzen!"
Die Schüler setzen sich.
Der Lehrer ist mit den Schülern zufrieden.
Sie gehorchen.
Sie gehorchen und warten.
Warten auf die Pause.
Warten auf das Signal.
Das Signal....in 2 Stunden.
Dazwischen: Nägelbeissen
                        Bleistiftkauen
                        Nasenbohren
                        Hosenscheissen
Der Lehrer sitzt auf dem Pult.
Er betrachtet jeden Einzelnen in der Klasse.
Von links nach rechts.
Von rechts nach links.
Alles still.
Kein Laut.

Kein Ton.
Stille.
Ruhe.
Der Lehrer pendelt mit dem rechten Bein.
Braune Schuhe, grauer Anzug, weisses Hemd,
Krawatte, Ziertuch, schwarze Socken, keine
Falten, alles sauber.
Kein Laut.
Alles ist still.
Nur der Lehrer pendelt mit dem rechten Bein.
Nr. 1732...wo liegt Krena?
Fragt der Lehrer.
Die Nr.1732 zuckt zusammen.
Er war immer verstört, wenn er die Nr.1732 hörte.
Er hatte Angst vor ihr.
Er mochte sie nicht.
Nr.1732 hörte die Frage nicht, die ihm der Lehrer
stellte.
Nr.1732 fürchtet sich vor dem Lehrer.
Nr.1732 fürchtet sich vor dem Gelächter seiner
Kameraden.
Nr.1732 steht da...starrt den Lehrer an und
zitternde Hände spielen am zerkauten Bleistift.
Hände, Nägel, Nägelbeissen, Hautfetzen, Blut,
Schmerz, wo, warum , Angst, Flucht, kalter
Schweiss.
Der Lehrer steht auf.
Geht zur Nr.1732.
Alles starrt die Nr.1732 an.
Der Lehrer schreit!
Der Lehrer schreit!
Dem Lehrer schießt das Blut in die Adern.
Adern die sich zu Knollen verformen.
Sticht man hinein kommt Blut heraus.

Blut!
Blut ist rot.
Rot ist die Farbe der Revolution!
Blut schmeckt der Fliege.
Blut schmeckt dem Zeck.
Blut trinken.
Rot ist Blut.
Blut.
Das Blut schießt in die Adern.
Adern, die sich zu Würsten formen.
Der Lehrer erfaßt die Ohren dr Nr.1732 dreht sie
ein Viertel eines Kreises nach hinten...
so daß sich das Gesicht der Nr. 1732 verzerrt.
So verzerrt, daß Nase Mund und Augen immer mehr
zur Maske werden.
Zu einer Maske mit Dornen.
Der Lehrer läßt vom Ohr der Nr. 1732 ab und
begibt sich wieder zu dem Pult.
Die Köpfe der Schüler mit den Nummern 1801,
6739, 5960, 4827,2213, 1298 10399, 3021, 80307,
           7123, Nr.88888 ,Sohn des
Vaters Nr.77777, Nr.7156, 8463, 4275 60761, 18236
drehen sich in Richtung Lehrer.
In Richtung Pult.
Nr. 1732 steht immer noch.
Der Lehrer unterrichtet.
Er spricht....doch die Nr.1732 hört ihn nicht.

Abstraktes Stück (mit 23 Jahren geschrieben)

WOHIN IN NIRGENDWO

Ort der Handlung: Strasse in Nirgendwo.
15 Uhr ———————menschenleer.
16 Uhr ————————menschenleer.
16 Uhr 55 ————— menschenleer.
16 Uhr 56 .
Ort der Handlung: Fabrik in Nirgendwo
Die letzten Minuten———dann ist Feierabend.
Die Betriebsglocke läutet.
17 Uhr ———Charly drückt seine Karte.
17 Uhr ———Strasse in Nirgendwo.
Menschen.
Viele Menschen. Sie gehen.
Vielleicht wissen sie nicht wohin.
Aber sie wissen, daß sie gehen.
Deshalb gehen sie.
Kreuz und quer.
17Uhr 55
Kaffeehaus in Nirgendwo
Menschenleer.
Kein Gast.
Nur der Ober sitzt gelangweilt hinter der Theke.
Man nennt ihn Peppi.
18 Uhr —————menschenleer.
18 Uhr 05 ——— menschenleer.
18 Uhr 10 ——— menschenleer.
18 Uhr 17 ——— ein Gast.
Er tritt ein.
Er setzt sich auf einen Stuhl.
Aber nicht auf irgend einen Stuhl———nein!
Auf seinen Stammstuhl.

Dieser Stammstuhl steht in der Ecke.
Dieser Stammstuhl steht so in der Ecke, daß er,
der Gast alles überschauen kann.
Der Ober——schwarzer Anzug—— Absolvent der
Hotelfachschule——sehr gutes Zeugnis———steht vor
dem Gast.
Der Gast heißt Herr Dr. Weiss.
Er steht vor Herrn Dr. Weiss mit einem 1/4
Rotwein Blauwunder , denn er wußte, daß der Herr
Dr.Weiss nur
Rotwein und nur Blauwunder trinkt.
„ 1 1/4 Rot Herr Doktor „
Der Ober stellt das 1/4 Rot auf den Tisch.
Der Tisch. Den Tisch sollte man nicht vergessen.
Der Stuhl, der Stammstuhl des Herrn Dr.Weiss,
steht neben dem Stammtisch des Herrn Dr.Weiss.
Auf dem Stammtisch steht nämlich immer eine
Tafel: „RESERVIERT"
Der Stammgast nippt vom Wein——der in einem
Römer——im Stammrömer des Herrn Dr. Weiss,
von der neu angestellten Türkin (sie wurde gerade
60 Jahre alt und gebahr 11 Kinder) serviert wurde.
Der Herr Dr.Weiss sitzt einfach da.
Ich glaube er denkt.
Denken
Grübeln
Forschen
Kämpfen
Die Zeit.
Zeiten die am Ort zerspringen.
Er denkt.
Er wechselt die Position der Sitzstellung.
18 Uhr 32 Er stützt die Hand auf das Kinn.
18 Uhr 33 Er legt die Arme auf den Tisch.

18 Uhr 34 Er überkreuzt die Arme.
18 Uhr 35 Er überkreuzt die Beine.
18 Uhr 36 Er dreht den Kopf nach rechts.
18 Uhr 37 Er dreht den Kopf nach links.
18 Uhr 38 Er schaut gerade aus.
18 Uhr 39 Er fährt mit der rechten Hand, die er
unter der Nase ansetzt, dabei mit dem Daumen die
Linke, mit den übrigen Fingern die rechte Wange
berührt, auf und ab.
Er steht auf.
Er geht zum Zeitungsständer und sucht sich seine
Zeitung.
Er geht wieder auf seinen Platz zurück.
„ Noch ein 1/4“
Er liest.
Dabei verdeckt die Zeitung sein Gesicht.
18 Uhr 45 ein Gast.
18 Uhr 46 ein Gast.
18 Uhr 48 viele Gäste.
Jeder setzt sich auf einen Stuhl.
18 Uhr 49 Alle stützen die Hand auf das Kinn.
18 Uhr 50 Alle legen die Arme auf den Tisch.
18 Uhr 51 Alle überkreuzen die Arme.
18 Uhr 52 Alle überkreuzen die Beine.
18 Uhr 53 Alle drehen den Kopf nach rechts.
18 Uhr 54 Alle drehen den Kopf nach links.
18 Uhr 55 Alle schaue gerade aus.
18 Uhr 56 Alle fahren mit der rechten Hand, die sie
unter der Nase ansetzen, dabei mit dem Daumen
die Linke, mit den übrigen Fingern die rechte
Wange berühren, auf und ab.
Alle stehen auf.
Alle gehen zum Zeitungsständer und suchen sich
ihre Zeitung.

Alle gehe wieder auf ihren Platz zurück.
„ Ein 1/4 „ sprechen alle im Chor.
Sie lesen.
Dabei verdecken die Zeitungen ihr Gesicht.
Zeitung lesen.
Denken?
Grübeln?
Forschen?
Kämpfen?
Schweigen?
Alle schweigen.
Nur das Geräusch des Umblätterns ist zu hören.

Schlussworte

Das Freiwerden beginnt im Loslassen.
Loslassen vom Gedachten.
Loslassen vom Gemachten.
Sich in den Augenblick fallen lassen.
Das SEIN ist das WESENTLICHE ——— nicht das
HABEN.
Die Flügel der Seele wachsen nicht in der Illusion.
Sie wachsen in der Sehnsucht nach Erkenntnis des
Ganzen.
Der Augenblick ist das HIER ist das JETZT--------er ist
die Öffnung, einer Blume gleich,
die Sonnenstrahlen zu empfangen.
Es ist das Lauschen,
es ist das Horchen,
es ist das Sprechen———
es ist der Dialog.
Der Dialog ist das Fliessen.
Alles fliesst im Zusammenwirken.
Die Morgenröte der erwachenden ERKENNTNIS breitet
sich vor der Seele aus und gibt
die Weite, die die Seele zum Wachsen braucht.